reinhardt

Lisa Dummer-Smoch

Mit Phantasie und Fehlerpflaster

Hilfen für Eltern legasthenischer Kinder

4., überarbeitete Auflage

Ernst Reinhardt Verlag München Basel

Dr. Lisa Dummer-Smoch, 15 Jahre Schuldienst, Psychologiestudium, Studiendirektorin im psychologischen Seminar der PH Kiel. Legasthenie-Diagnostik und Förderung seit 1973. Vorsitzende des Bundesverbandes Legasthenie e. V. 1983–1989.

Die Deutsche Bibliothek – CIP-Einheitsaufnahme

Dummer-Smoch, Lisa:
Mit Phantasie und Fehlerpflaster : Hilfen für Eltern und Lehrer legasthenischer Kinder / Lisa Dummer-Smoch. – 4., überarb. Aufl.. – München ; Basel : E. Reinhardt, 2002
ISBN 3-497-01602-0

Printed in Germany
Reihenkonzeption: Oliver Linke, Augsburg

Ernst Reinhardt Verlag, Postfach 38 02 80, D-80615 München
Net: www.reinhardt-verlag.de Mail: info@reinhardt-verlag.de

Inhalt

Vorwort

Seit der letzten Auflage dieses Buches hat sich eine entscheidende Veränderung in den schulrechtlichen Bestimmungen in Deutschland ergeben: Im Jahr 1999 hat der Freistaat Bayern die Legasthenie als eine „Lese- und Rechtschreibstörung" (im Sinne der Internationalen Klassifikation der Krankheiten) anerkannt, die „entwicklungsbiologisch und zentralnervös begründet ist". Daher hat das Kulturministerium einen Erlass (16.11.1999) herausgegeben, der eine Reihe von Bestimmungen zur Förderung dieser Kinder, zur Berücksichtigung der Legasthenie bei der Leistungsfeststellung und Leistungsbewertung und zum Nachteilsausgleich enthält. Als Nachteilsausgleich werden u. a. Zeitverlängerungen bei schriftlichen Klassenarbeiten und technische Hilfen gewährt. Wenn es notwendig ist, dürfen dem Schüler die Aufgabenstellungen vorgelesen oder auf Band gesprochen werden und er darf gegebenenfalls einen Laptop oder einen Computer benutzen.

Inzwischen wurde auch eine Arbeitsgruppe bei der KMK eingerichtet. Das lässt auf neue Empfehlungen hoffen, die die Unzulänglichkeiten der KMK-Empfehlungen von 1978 aufheben und vor allem bei schwer und langfristig betroffenen Schülern erlauben, den so genannten Notenschutz über die 10. Klasse hinaus und gegebenenfalls bis zum Abitur zu gewähren.

Bisher besteht eine Vereinbarung der KMK zum bundeseinheitlichen Abitur, die vorschreibt, in allen schriftlichen Arbeiten während der Studienstufe und im Abitur für zu schwache Leistungen im „Elementarbereich", der Ausdruck, Grammatik und Rechtschreibung umfasst, einen Punkteabzug vorzunehmen: Bis zu zwei Punkte der einfachen Wertung. Bei legasthenen Schülern häufen sich die Fehler immer in der Rechtschreibung. Da dieser Punkteabzug in den schriftlichen Arbeiten aller Fächer, auch in den Naturwissenschaften, Mathematik und Informatik vorzunehmen ist, und die einfache Punktzahl in den Leistungskursen dreifach und in den Grundkursen zweifach gewertet wird, verlieren Legastheniker, wenn man die Arbeiten in der Studienstufe mit einbezieht, bis zu 60 Punkte im Abitur. Das Abitur kann sogar in Frage stehen, wenn trotz einer angemessenen Gesamtpunktzahl in einem der Leistungskurse wegen des Punkteabzugs nicht der erforderliche Mindestpunktwert erreicht wird. Bestimmte Prozentanteile von Fehlern in den sprachlichen Fächern führen überdies dazu, dass eine Arbeit, auch wenn sie inhaltlich mit „gut" zu bewerten wäre, nicht besser als mit „ausreichend" bzw. mit „mangelhaft" beurteilt werden darf. So wird die Rechtschreibung letztlich zum Maßstab auch für inhaltliches Wissen und Können.

Trotz des Bayerischen Erlasses und der Hoffnung, es könne sich in allen Bundesländern nunmehr eine ähnliche Regelung durchsetzen – zumal es auch im zusammenwachsenden Europa Beispiele für sehr positive schulrechtliche Lösungen gibt – wird es dennoch notwendig bleiben, mit einem Buch wie diesem Eltern und Lehrer über die Legasthenie inhaltlich zu informieren. Sowohl in der Gesellschaft als auch in der Lehreraus- und Lehrerfortbildung ist das Wissen um die Legasthenie noch nicht Allgemeingut. Wo mehr als 25 Jahre lang die Rede „Legasthenie gibt es nicht" in der Lehrerausbildung verbreitet wurde, ist ein Umlernen nicht von heute auf morgen zu erwarten.

Es ist daher nicht die Regel, dass die Legasthenie in den Schulen als eine Begabungsvariante – wie die Linkshändigkeit – akzeptiert und die Betroffenen nicht für dumm gehalten werden. Da ist es kein Wunder, dass erwachsene Legastheniker, die z. B. Hochschullehrer geworden oder in großen Betrieben in Spitzenpositionen aufgestiegen sind, sich immer noch scheuen, über ihre Legasthenie zu sprechen. Mit der Legasthenie sei, so begründete einer von ihnen seine Haltung, „der Geruch des Versagers" verbunden. Daher bleibt weiterhin Aufklärung angesagt.

So hoffe ich, dass auch die überarbeitete Neuauflage dieses Buches ihre Leser findet und Betroffenen Mut machen und helfen kann.

Juli 2001 Lisa Dummer-Smoch

I. Was bedeutet Legasthenie?

1. *So kann es beginnen*

Aus vielen Berichten von Eltern legasthenischer Kinder kennen wir diesen Gang der Dinge: Ein Kind hat sich ohne größere Auffälligkeiten entwickelt.

Vielleicht hat es später gesprochen als andere Kinder. Möglicherweise hat es länger als andere eine Kleinkindersprache gesprochen, z. B. „detommen" statt „gekommen" gesagt. Oder es hat früh und wohlartikuliert gesprochen, aber es mochte keine Puzzles und Memory-Spiele. Es hatte Schwierigkeiten beim Balancieren, es fiel öfter hin, es kam mit einem Roller nicht so gut zurecht wie seine Geschwister oder andere Kinder im gleichen Alter. Im Nachhinein können Mütter sich an derlei Beobachtungen erinnern, aber alarmierende Auffälligkeiten waren das nicht. Auch in der Altersgruppe hatte das Kind gute Kontakte, war sogar beliebt und konnte sich auch gegen andere Kinder behaupten.

Der Schulreifetest gibt keine Hinweise

So erreichte das Kind das Einschulungsalter. Ein Schulreifetest wurde durchgeführt, und die Gesamtsumme der Punkte führte zur Beurteilung „schulreif".

Dass in einigen Teilbereichen dieser Untersuchung wiederum kleine Auffälligkeiten vorkamen, blieb den Lehrkräften verborgen, weil das Wissen um solche Zusammenhänge eher in kinderpsychiatrischen Kliniken und bei einigen Kinderärzten und Kinderpsychologen vorhanden ist. Es handelt sich um Spezialwissen.

Der Lehrer, der Einschulungstests durchführt, kann in dieser Hinsicht von seiner Ausbildung her kein Spezialist sein. Und die Testhandbücher, die ihm sagen, wie der Test auszuwerten und die Leistungen zu beurteilen sind, enthalten bisher keinerlei Hinweise auf ein solches Spezialwissen. Manchmal teilt ein Lehrer den Eltern erfreut das relativ hohe Gesamtergebnis ihres Kindes mit: „Sie haben ein gut begabtes Kind, es wird keine Probleme haben!"

Das Kind freut sich auf die Schule. Es will groß und tüchtig werden. Und es will Lesen, Schreiben und Rechnen lernen. Hochgestimmt und voller Erwartung trabt es – meist mit seiner Mutter – am ersten Schultag in das große fremde Haus und in seine Klasse.

Erste Probleme dämpfen die Schulfreude

Nach einigen Wochen ist diese Hochstimmung verflogen. Das Kind erscheint der Mutter bedrückt, in sich gekehrt, nachdenklich. Es macht brav seine Hausaufgaben, aber offensichtlich bereiten ihm Lese- und Schreibübungen Mühe. Eine Mutter berichtet: „Meine Tochter bat mich immer zu Beginn der Leseübungen, ich möchte ihr doch die Seite einmal vorlesen. Das tat ich und anschließend las sie den Text nahezu fehlerfrei herunter. Erst spät kam ich dahinter, dass sie die Fibelseite auswendig lernte, schon während ich vorlas!"

Mehrere unserer erwachsenen Legastheniker, darunter eine promovierte Hochschullehrerin, die 1915 in die Schule kam, haben berichtet, dass sie nicht wussten, was Lesen eigentlich bedeutet, Sie waren überzeugt, jeder Mensch lerne das zunächst auswendig, was er dann laut vorlese!

Bald werden Hausaufgaben zur Qual, denn natürlich bereitet auch das Schreiben große Mühe. Vor allem geht es sehr langsam. Abschreiben fällt noch am leichtesten. Aber die Wörter werden Buchstabe für Buchstabe abgemalt, und das Kind weiß nicht, welche Laute die Buchstaben anzeigen, die es niederschreibt.

In der Schule fällt von alle dem unter Umständen noch gar nichts auf. Das Kind bringt ja ordentliche Hausaufgaben mit, es kann fließend laut vorlesen, in den ersten kleinen Diktaten macht es kaum einen Fehler. Da es meist im Rechnen – wenigstens am Anfang – keinerlei Probleme hat, stellt es sich für den Lehrer als ein „guter Schüler" dar.

Mütter sehen die Probleme zuerst

Indessen spitzt sich die Situation zu Hause immer mehr zu. Die Mutter kann nicht verstehen, warum ihr begabtes Kind beim Lesen und Schreiben so viele Schwierigkeiten hat. Sie hält es meist zunächst für faul. Da sie es aber bei den Schularbeiten genauer zu beobachten beginnt, fällt ihr auf, wie angestrengt es zu arbeiten versucht, und wie wenig Erfolg es dabei hat.

Dumm ist es nicht. Faul ist es nicht. Was ist mit diesem Kind los? Es beginnt ein Fragen und Suchen. Meist geht die Mutter zunächst zur Lehrerin. Falls diese den Sachverhalt Legasthenie kennt, wird sie die Beschreibungen über die Schwierigkeiten des Kindes ernst nehmen, selbst eine Überprüfung des ungeübten Lesens und Schreibens vornehmen und der Mutter dann erklären, was Legasthenie bedeutet, und was man tun kann.

Dies aber ist leider noch nicht überall die Regel. Meist werden die Mütter vertröstet: Das Kind entwickle sich eben etwas langsamer, es bestehe keinerlei Gefahr, es werde das Lesen schon noch lernen, es habe ja zwei Jahre Zeit dafür, man müsse als Mutter nicht so ehrgeizig sein. Mehr oder weniger beruhigt geht die Mutter nach Hause.

In den ersten Zeugnissen steht oft als einziger Hinweis auf das Problem die Empfehlung „mehr üben!" Dann fragen sich die Mütter häufig ratlos „noch mehr üben?". Sie üben ja schon lange und mehr als andere Mütter mit ihren Kindern!

2. Informationen statt einer Definition

Bei diesem Stand der Dinge stellen sich für Eltern – und auch für Lehrer, denen die Probleme des Kindes ebenfalls zum Rätsel werden – viele Fragen. Inwiefern stellt Legasthenie einen anderen Sachverhalt dar als allgemeine Lernschwierigkeiten eines Kindes, das auch sonst im Unterricht nicht mitkommt, das insgesamt langsamer lernt, das Zusammenhänge nicht erkennt und im Unterrichtsgespräch nicht mitdenken kann?

Legastheniker erhalten häufig in ihren Zeugnissen Bemerkungen wie: „Seine Beiträge bereichern den Unterricht!" Und dann kann das Kind nicht lesen lernen? Das passt überhaupt nicht in das Bild, das man sich von der „allgemeinen Begabung" von Schulkindern gemacht hat. Man glaubte doch bisher, dass alle Kinder für alle Lernbereiche gleich gute oder gleich schwache Lernvoraussetzungen mitbringen.

Halten wir zunächst dies fest: Ein legasthenisches Kind ist kein allgemein langsamer Lerner. Es ist auch nicht schwach begabt. Seine Leselern- und Rechtschreibprobleme stehen in keinem Zusammenhang mit seiner Intelligenz, sie können bei jeder Begabungshöhe auftreten. Legasthenie – das sind die Lese-Rechtschreibschwierigkeiten des sonst gut begabten Kindes, das wegen seiner umschriebenen, aber nicht allgemeinen Schwächen allzuleicht für dumm gehalten und dadurch nachhaltig entmutigt wird.

Was bedeutet „Legasthenie"?

Das Wort „Legasthenie" bedeutet in deutscher Übersetzung ganz einfach „Leseschwäche" (aus dem Griechischen: „leg" ist der Wortstamm für „lesen" und „asthenia" bedeutet „Schwäche"). Diese Bezeichnung wurde von den Legasthenieforschern in der Nachkriegszeit übernommen, um leseschwache Kinder, die im Übrigen wie andere Kinder lernen können, von den schwächer begabten, langsamen Lernern zu unterscheiden.

Sehr viel früher, bereits im Jahr 1916, hatte der Psychiater Ranschburg den Begriff geprägt. Leider beurteilte er Kinder, die mit 2- bis 4-jähriger Verspätung lesen lernten, als „Hilfsschüler“, obwohl 31 % der von ihm untersuchten Leseschwachen einen guten (überdurchschnittlichen) und weitere 46,7 % einen mittleren (durchschnittlichen) Intelligenzquotienten hatten (zitiert nach Schenk-Danzinger, 1991, S. 19). Demnach waren nur 22 % der Leseschwachen minderbegabt.

In einer 1981 durchgeführten Untersuchung mit Wiederholern aus ersten Klassen (Dummer 1983) zeigte sich, dass von 70 Wiederholern nur 33 nach dem Wiederholungsjahr nicht mehr leseschwach waren. Von den immer noch leseschwachen 37 Schülern erwiesen sich fünf, also nur 14 %, als minderbegabt. Die Prozentsätze von damals und heute zeigen so weit Entsprechung, dass man sagen kann, eine Minderbegabung ist bei Leselernschwierigkeiten seltener als durchschnittliche und bessere Begabung.

Mit der Beurteilung der Leseschwachen als „Hilfsschüler“ wurden über Jahrzehnte hinweg Weichen falsch gestellt: Bis nach dem Zweiten Weltkrieg konnten Kinder allein wegen einer „zu schwachen Rechtschreibung“, die in der Regel als Folge der Leselernschwäche auftritt, sitzen bleiben und dann an die Sonderschule verwiesen werden. Die Legasthenie fand in der pädagogischen Praxis der Grundschule und in der Lehrerausbildung daher kaum Beachtung.

Die Tragödie des normalbegabten, lese-rechtschreibschwachen Kindes

Erst in der Nachkriegszeit wurden Schulpsychologen auf das Problem aufmerksam. Die Schulen schickten ihnen verhaltensgestörte und dem Anschein nach „dumme“ Kinder zur psychologischen Untersuchung. Die Psychologen erkannten mit Hilfe der Testergebnisse und der Vorgeschichte dieser Kinder, dass diese keineswegs schwach begabt waren. Vielmehr litten sie unter Mutlosigkeit und Selbstwertproblemen. Da sie sich ihre Leselernprobleme nicht erklären konnten, hielten sie sich selbst für „dumm“, und die Umwelt hatte sie darin bestärkt.

Lotte Schenk-Danzinger lernte legasthenische Kinder und ihre Schulschwierigkeiten im Schulpsychologischen Dienst der Stadt Wien kennen. Sie veröffentlichte 1968 ihr „Handbuch der Legasthenie im Kindesalter“ und sprach darin von der „Tragödie des normalbegabten legasthenischen Kindes in der Schule“. Damit füllte sich die Bezeichnung „Legasthenie“

mit einem Inhalt, der über das Erscheinungsbild der Leseschwäche weit hinausging.

Man könnte sagen, nicht die Schwierigkeiten beim Lesen und Rechtschreiben sind am meisten zu fürchten, sondern die Selbstwertprobleme, mit denen sich das Kind sehr bald herumschlägt, die Entmutigung, die Resignation, die Verhaltens- und Schullaufbahnprobleme. Das alles müsste nicht sein, wenn man die Legasthenie rechtzeitig erkennen, berücksichtigen und behandeln würde! Aber bevor dies möglich wird, muss man – als Eltern wie als Lehrer – die Anzeichen kennen.

Schullaufbahnprobleme behindern die normale Lernentwicklung

Nach allen Erfahrungen mit Schullaufbahnen legasthenischer Kinder, in den verschiedenen Bundesländern mit ihren unterschiedlichen schulrechtlichen Bestimmungen, kann man heute immer noch von Tragödien sprechen. Um in allen diesen Fällen bei Eltern und Lehrern das Problemverständnis zu wecken, und als Voraussetzung für angemessene Hilfen, erscheinen zusätzlich zu einer knappen Definition, wie sie in der Wissenschaft üblich ist, folgende Informationen notwendig:

Nach der Definition von Maria Linder ist Legasthenie „eine aus dem Rahmen der übrigen Leistungen fallende Schwäche im Erlernen des Lesens (und indirekt auch des selbständigen orthographischen Schreibens) bei sonst intakter oder im Verhältnis zur Lesefähigkeit relativ guter Intelligenz" (Linder, 1962, S.13).

Charakteristisch für eine Legasthenie sind nicht nur Leselern- und nachfolgend Rechtschreibschwierigkeiten, sondern die Schullaufbahnprobleme, die sich aus der Diskrepanz zwischen sonst besseren Lernmöglichkeiten und den Lese-Rechtschreibschwächen ergeben, sowie das langsame Fortschreiten im Erlernen des Lesens und Schreibens selbst bei guter Förderung. Überforderung im Lesen und Rechtschreiben, Unterforderung in anderen Leistungsbereichen drohen, so dass die Kinder eigentlich nicht in das Schulsystem „passen"!

Legastheniker kommen im günstigsten Fall erst am Ende der Grundschulzeit zu durchschnittlichen Rechtschreibleistungen. Bis dahin stehen sie in der Gefahr, wegen ihrer Lese- und Rechtschreibschwäche in ihrer allgemeinen Leistungsfähigkeit unterschätzt, und durch die Zensierung ihrer Diktate, bzw. durch die Mitbewertung der Rechtschreibleistung in anderen schriftlichen Arbeiten, völlig entmutigt zu werden. Man kann sagen, sie werden in ihrer sonst normalen Lernentwicklung durch die schulischen Bedingungen erheblich gestört!

Die Ursachen für die Leselern- und Rechtschreibschwierigkeiten liegen zunächst im Kind. Die Ausprägung des Versagens wird aber durch die Umwelt mitbestimmt und die Schule ist ein wesentlicher Umweltfaktor!

Verständnisvolle Eltern und eine Schule, die nicht zensiert, sondern auch bei schwachen Leistungen kleine Erfolge wahrnimmt und bestätigt, werden dem Kind seine Lern- und Leistungsfreude erhalten.

Eltern, die durch stundenlanges Üben Erfolge zu erzwingen suchen und eine Schule, der die Bewertung der Rechtschreibung als Maß für Leistung und Intelligenz gilt, treiben ein legasthenisches Kind in immer größere Unsicherheiten, in Resignation und Verzweiflung. Es kann dann nicht einmal die Leistung im Rechtschreiben erreichen, die ihm aufgrund seiner Schwächen und durch maßvolle Übung immer noch möglich wäre.

Manche Legastheniker suchen dann durch Geschenke Freunde zu gewinnen. Das Geld dafür entnehmen sie heimlich ihrer Spardose oder der Geldbörse der Mutter. Andere laufen fort, wieder andere werden krank, manche schlagen sich mit Selbstmordgedanken herum. „*Warum muss man leben, wenn doch alles so schwer ist?*“ sagte ein Sechsjähriger zu seiner Mutter. „Verüben eigentlich viele Legastheniker Selbstmord?“ fragte ein Achtzehnjähriger, dem bei der Bewertung schriftlicher Arbeiten in jedem Fach wegen seiner Rechtschreibung Notenpunkte abgezogen wurden.

Andere Legastheniker entwickeln sich zu Störenfrieden in der Klasse. „Er ist nicht nur dumm, sondern auch noch frech“ heißt es dann. Sie stellen nun für die Schule ein weit größeres Ärgernis dar als die resignierenden Kinder, die als „wenigstens brav und lieb, wenn auch leider ein bisschen dumm“ empfunden werden.

II. Legasthenie – wie Eltern, Lehrer und Kinder sie erfahren

Wenn Fragen von Eltern und Lehrern an jemanden herangetragen werden, der dafür bekannt ist, dass er sich für Legastheniker einsetzt und sie fördert, dann stellt sich sehr bald heraus, wie unterschiedlich diese Fragen aus beiden Gruppen sind. Eltern sehen beim Umgang mit ihren legasthenischen Kindern andere Probleme als Lehrer. Das mag zunächst überraschen; denn beide haben mit demselben Kind zu tun. Aber die unterschiedliche Sichtweise erscheint bei näherem Hinsehen ganz natürlich.

Müttern fallen die Schwierigkeiten am ehesten auf

Eltern stehen dem eigenen Kind und seinen Problemen einfach näher. Ihnen fällt beim Üben zu Hause unübersehbar auf, wie sehr es sich einsetzt und wie wenig es im Vergleich zu diesem Einsatz erreicht. Sie beobachten die für ihr Kind „typischen" Fehler bereits im Entstehen. Sie erleben mit, wie es sich bei Entscheidungen plagt, wenn es z. B. um „kurz oder lang" bei Vokalen geht, oder um „hart oder weich" bei Konsonanten. Ebenso beobachten sie direkt, wenn Buchstabenformen wie **H** und **K** , **a** und **o** , **S** und **L** (in Schreibschrift) einfach nicht unterschieden und daher den Lauten auch nicht richtig zugeordnet werden können.

Lehrer sehen die Lernergebnisse, nicht die aufgewandte Mühe

Der Lehrer beobachtet das Kind fast nie in der Einzelsituation und nur selten beim Schreiben. Was er sieht, sind die Ergebnisse der Bemühungen des Kindes. Er beobachtet auch nicht direkt, ob ein besseres Diktat etwa auf augenblickliche Anstrengung des Schülers oder auf längeres Üben zu Hause zurückzuführen ist. Oft schließt er von einer hohen Fehlerzahl im Diktat unmittelbar darauf, dass die Mutter mit dem Kind nicht geübt habe. Er vermutet fehlendes Interesse bei den Eltern und beginnt leicht, in Bezug auf dieses Kind selbst zu resignieren nach dem Motto „Wenn nicht einmal die Eltern sich kümmern, kann ich in meinem Unterricht auch nichts erreichen".

Was erlebt das Kind

Man sollte sich einmal in die Lage eines Kindes hineinversetzen, das sich mit allen seinen Kräften bemüht, ein Ziel zu erreichen, aber keine Erfolge sieht, vielmehr zusätzlich Vorwürfe und Beschuldigungen anhören muss. Als Erwachsener würde man eine solche Situation gar nicht aushalten, sondern möglichst schnell den Beruf oder den Arbeitsplatz wechseln. Das Kind aber muss sich im ungünstigsten Fall seinen Misserfolgen täglich stellen!

Darüber, wie das Kind seine Legasthenie erlebt, gibt es bisher wenig direkten Aufschluss. Die jüngeren Kinder finden kaum andere Erklärungsmöglichkeiten als die, die ihnen Eltern oder Lehrer vermitteln. Nur ihre Verhaltensauffälligkeiten und psychosomatischen Beschwerden sagen dem erfahrenen Fachmann, wie sehr sie unter der Rätselhaftigkeit ihres Versagens leiden. Erst jugendliche Legastheniker können sich im Rückblick äußern, nachdem sie selbst die Probleme akzeptiert und verarbeitet haben.

1. Wie Mütter die Legasthenie erleben: Vier Beispiele in Briefen

Die nachfolgend abgedruckten Briefe von Müttern, ergänzt durch Angaben zu den Schullaufbahnen, scheinen mir gut geeignet, die unterschiedliche Problemsicht von Eltern und Schule zu veranschaulichen. Sie sind auszugsweise wiedergegeben, um die Anonymität der Schreiberinnen zu wahren.

Beispiel 1: Ein hoch begabter, in seinen Fähigkeiten verkannter Schüler

„Mein Sohn Tim, jetzt in der 6. Klasse Hauptschule, ist Legastheniker, bzw. er hat eine Schreibschwäche. Dies wurde mir durch einen Test, den ein Schulpsychologe durchführte, bestätigt. Dabei wurde auch ein IQ von 136 festgestellt. Im Aufsatz sind seine Leistungen gut.

Nun das Problem: In unserem Bundesland gibt es seit einigen Jahren den Legastheniker nicht mehr. Das heißt, diese Schwäche wird beim Besuch höherer Schulen nicht mehr berücksichtigt. Mein Sohn interessiert sich aber gerade besonders für naturwissenschaftliche Sachgebiete und ist in dieser Hinsicht, nach Aussage des Lehrers, seinem Alter voraus.“ Ergänzend teilt die Mutter zur Schullaufbahn mit:

„Die Schwierigkeiten begannen bereits in der ersten Klasse. Da ich in einer in der Nähe gelegenen Stadt halbtags arbeite, war mein Sohn hier auch im Kindergarten, die übrigen Kinder jedoch im Heimatdorf. So bildete die Klasse nach der Einschulung schon zu Beginn feste Gruppen, von denen er, weil er etwas kontaktarm und sensibel ist, nur sehr langsam aufgenommen wurde. Dies und die auftretende Aggressivität wurde von seiner damaligen Lehrkraft als Schulunreife bezeichnet. Als ich daraufhin um ein Zurückstellen bat; bekam ich die Antwort: ‚Dazu ist er zu intelligent.'

Hinzu kam, dass die Lehrkraft der ersten Klasse sehr schwer zuckerkrank war und einen großen Teil des Jahres durch Krankheit abwesend war. Als Ersatz sprangen immer wieder andere Aushilfskräfte, Lehramtsanwärter oder eine Pädagogische Assistentin ein. Jeder Wechsel wirkte sich bei meinem Sohn auf die Psyche und die Leistungsfähigkeit sehr negativ aus, da jeder ein etwas anderes System hatte.

Die zweite Klasse wurde von einer Lehramtsanwärterin geführt, der sicher die Erfahrungen in diesem speziellen Fall fehlten. Die 3. und 4. Klasse wurde von einer Lehrkraft geführt, die sicher im Normalfall sehr gut ist, aber ein Verständnis für diese Schreibschwäche und die Folgeerscheinungen (wie, ‚den Kasperl in der Klasse spielen', sich sonst auffällig machen) bestand jedoch ihrerseits nicht. Sie sagte zu mir, er müsse nur mehr üben, obwohl ich ihr sagte, dass wir ja täglich ein bis vier Stunden übten.

Ich bemühte mich damals, dass das Kind doch einmal getestet würde. Davon riet die Lehrkraft ab, mit der Begründung, es handele sich nicht um einen Legastheniker, weil dieser ja nur bestimmte Fehler schreibe. Sicher hätte sich das Bild der Legasthenie damals deutlicher gezeigt, hätten wir zu Hause nicht so viel geübt."

Der Bericht der Mutter kann heute ergänzt werden, durch die Fakten aus der weiteren Schullaufbahn: Mit einer Vier in Deutsch, einer Drei in Mathematik und einer Eins in Heimat- und Sachkunde, konnte Tim nicht in ein Gymnasium eintreten, obwohl der Sachkunde-Lehrer ihn naturwissenschaftlich für hoch begabt hielt. Die Statistik stand im Wege: aus den Hauptfachnoten Deutsch/Mathematik/Heimat- und Sachkunde ergibt sich ein Durchschnitt von 8 : 3 = 2,7 statt des erforderlichen Grenzwerts von maximal 2,5. Tim blieb in der Hauptschule bis zum Ende der 6. Klasse. In den Zeugnissen dieser Zeit wurde positiv „sein enormes Wissen in den Sachfächern" hervorgehoben, negativ jedoch eine „extrem langsame und umständliche Arbeitsweise". In der 6. Klasse erreichte er in Mathematik eine Zwei und in den Fächern Biologie und Physik/Chemie jeweils eine

Eins, dazu eine Zwei in Erdkunde. Dennoch konnte er nach der 6. Klasse wieder nicht in ein Gymnasium eintreten. Die Hauptfachnoten waren nun eine Vier in Deutsch, eine Vier in Englisch und eine Eins in Mathematik, im Durchschnitt eine glatte Drei.

Nach der 6. Klasse wurde Tim in eine private Realschule aufgenommen. Typisch für seine Schullaufbahn ist das Zwischenzeugnis in Klasse 7: Im Kopf des Zeugnisses wird hervorgehoben: „Tims Stärken liegen im naturwissenschaftlichen Bereich. Dort bringt er oft ganz erstaunliche Lösungsvorschläge. Im Schriftlichen muss er noch sorgfältiger arbeiten“ und „Das Erreichen des Klassenziels ist gefährdet“. Zu diesem Zeitpunkt erreichte er in Kunsterziehung und Hauswirtschaft jeweils eine Eins, eine Zwei in Mathematik (Physik wurde nicht erteilt) und Erdkunde, eine Drei in Englisch, Biologie und Geschichte, nur in Deutsch und Maschineschreiben wurde er mit jeweils einer Fünf beurteilt.

Nach der Realschule lernte er einen technischen Beruf und kam anschließend in die Firma eines Verwandten. Dort gilt er als „Erfinder“ und wird zu Auslandskontakten der Firma bis nach China mitgenommen, als unverzichtbarer, technischer Berater. Vormals „Schulversager“, heute Spitzenkraft im Beruf!

Es zeigt sich deutlich, wie sehr die Schule selbst zum Schweregrad des Versagens beiträgt, wenn Lehrkräfte unerfahren sind oder wenn sie ständig wechseln.

Beispiel 2: Höhen und Tiefen in einer Schullaufbahn

Eine Mutter, die mehrere legasthenische Kinder hat, schreibt mir regelmäßig zu den Zeugnissen über ihre Erfahrungen im vergangenen Schuljahr. Die unterschiedlichen Einstellungen der verschiedenen Lehrer zur Legasthenie und entsprechende seelische Auswirkungen beim Kind zeigen sich besonders deutlich in der Schullaufbahn von Frank (Name geändert, d. Verf.). Dabei ist zu berücksichtigen, dass Frank in Schleswig-Holstein ein Gymnasium besuchte, wo er als Legastheniker „anerkannt“ war und rechtschreibliche Leistungen in Deutsch und in Fremdsprachen nicht mitbewertet werden durften.

Franks Mutter, Februar 1987, Mitte der fünften Klasse:

„Mit Frank läuft es nach anfänglichen Schwierigkeiten nun auch gut.“

Franks Mutter, Juli 1987, Ende der fünften Klasse:

„Frank, jetzt 11 Jahre alt, hat großes Pech gehabt. Er kam auf Empfehlung der Grundschule in das Gymnasium und wurde gleich mit der Einstellung gesehen: Was will denn der Dummkopf bei uns? Besonders im Fach Deutsch konnte er bald vor Angst gar nicht mehr schreiben. In den Diktaten schrieb er fast jedes Wort mit dem Dehnungs-h (dehr, dahs, wahs usw.) – vor lauter Unsicherheit.

Ich musste den Deutschlehrer telefonisch um Hilfe bitten. Dabei gab er mir zu verstehen, so viel Uneinsichtigkeit (meinerseits) sei ihm bisher noch nicht begegnet! Er hielt mir vor, ich sei eine superehrgeizige Glucke, die einzig und allein das Ziel habe, ihre (geistig minderbemittelten) Kinder durch das Gymnasium zu pauken. Ich solle ihm nicht mit diesem lächerlichen Erlass kommen.

Nunmehr bat ich um ein Gespräch bei dem Schulleiter. Dieser zeigte viel Verständnis und hörte mir fast zwei Stunden lang geduldig zu. Er meinte, ich solle ruhig abwarten, nach einem Gewitter gebe es meist sehr klare Luft.

Am gleichen Tag kam Frank weinend aus der Schule, weil der Deutschlehrer seine Aufsatzübung vor der Klasse auseinander genommen hatte, und so gab es noch weitere Unerfreulichkeiten.

Dennoch hat sich auch Positives ereignet: Franks Klassenlehrer, der das Fach Englisch unterrichtet, hat ihn anfangs auch sehr abwertend behandelt. Da nun Frank auch in der englischen Rechtschreibung mit großen Schwierigkeiten kämpft, hatte ich diesen Lehrer angerufen und ihm erklärt, dass Frank für das Vokabellernen mehr Zeit brauche als andere Schüler. Sie wurden nämlich regelmäßig schriftlich überprüft, und Frank hatte große Angst, weil er sich stets nur die Hälfte der Wörter einprägen konnte.

Nach einem Gespräch mit dem LRS-Beauftragten der Schule hat sich dieser Lehrer nun völlig umgestellt. Er hat seitdem keine negativen Äußerungen mehr getan und unter die nächste Arbeit einen aufmunternden Satz geschrieben. Vokabeln wurden nur noch freitags zum Lernen aufgegeben, so dass Frank mehr Übungszeit hatte!!! Ich kann gar nicht sagen, wie sehr uns das geholfen hat!“

Franks Mutter, Februar 1988, Mitte der sechsten Klasse:

„Nach einem furchtbaren Krach mit seinem Deutschlehrer und einer erneuten Aussprache mit dem Schulleiter blüht Frank auf. Dieser Deutschlehrer zeigt sich dem Jungen gegenüber nun besonders verständnisvoll. Er hat Franks Selbstvertrauen inzwischen durch freundliche Worte enorm gefördert.

Frank ist ein außerordentlich scheues Kind. Bei freundlicher Behandlung aber startet er wie eine Rakete, bei Erniedrigungen vor der Klasse dagegen bricht er völlig zusammen.

Inzwischen ist sein Senkrechtstart kaum zu bremsen. Sein seelisches und körperliches Gleichgewicht drückt sich vor allem in seiner Sportnote aus: er kam von einer Drei auf eine Eins! Sein Mathematiklehrer hat ihm eine Zwei gegeben, obwohl im letzten Halbjahr eine Arbeit mit ‚mangelhaft' dabei war. Nach dieser Arbeit hatte ich ihn angerufen und die Vermutung geäußert, Frank sei vielleicht an der Schreibarbeit gescheitert? Danach schrieb Frank dreimal die beste bzw. zweitbeste Arbeit der Klasse! Über die Zeugnisnote wurde jetzt an höchster Stelle entschieden."

Franks Mutter, Sommer 1988, Ende der sechsten Klasse:

„Frank konnte zum Glück seine Mathematikzensur festigen. Im letzten Halbjahr hat er nur Einsen und Zweien geschrieben und blühte dadurch zusehends auf. Er ist noch immer ausgesprochen schüchtern, traute sich aber doch schon mal, etwas zu sagen – was manchen Lehrer total verblüffte. Nach der Orientierungsstufe wird er wahrscheinlich mehrere neue Lehrer bekommen. Das kann sich eigentlich nur positiv auswirken."

Franks Mutter, Februar 1989, Mitte der siebenten Klasse:

„Frank hat sich durch den Lehrerwechsel psychisch gefestigt. Bettnässen und Nägelkauen gehören der Vergangenheit an – so ganz allmählich taut er auf. Ich hatte einen furchtbaren Schrecken bekommen, als ich den Namen seines neuen Klassenlehrers (Erdkunde, Kunst, Sport) hörte: Vor Jahren hatte er auf einem Elternabend gesagt, dass es in Zukunft zum Glück keine Analphabeten mit Abitur mehr geben würde. Ich wäre damals fast vor Aufregung geplatzt und hatte seitdem furchtbare Angst vor ihm. Er ist ein älterer Pädagoge, der mit einem einzigen Blick Ruhe in die Klasse bringt, und das tut unserem Sohn offenbar sehr gut.

Am Elternsprechtag bin ich völlig hingeschmolzen, wie genau und wohl wollend er unser Kind inzwischen studiert hat. Er sagte mir, dass es ein derart ruhiges und scheues Kind in dieser ausgesprochen lauten Klasse unsagbar schwer habe. Legasthenie sei es seiner Meinung nach bei Frank nicht, da er nicht die dafür typischen Fehler mache. Nach seiner Meinung sind Frank's Probleme in erster Linie Selbstwertprobleme! Er habe ihn genau beobachtet und sei fest davon überzeugt, dass er weit mehr leisten könne, wenn er selbstsicherer werden würde.

Ich habe nun den Eindruck, dass er ausgesprochen bemüht ist, Frank zu helfen. Der Physiklehrer ist auch informiert und sozial sehr engagiert. Die Mathematiklehrerin ist leider sehr häufig krank gewesen, so dass die Kinder kaum richtigen Unterricht hatten. In Englisch hat Frank nur Fünfen geschrieben. Leider wird die Grammatik nicht in tabellarischer Form dargebracht. Die Regeln werden diktiert, und daraus soll Frank sein Wissen vertiefen.

Latein fällt ihm auch schwer, macht aber trotzdem Spaß. Wir haben inzwischen sämtliche Vokabeln in den Computer eingegeben, so dass täglich 15 Minuten Vokabeln wiederholt werden. Den Kindern macht es Freude; Frank übt meistens sogar länger, als er soll und lernt dadurch zugleich die deutsche Rechtschreibung. Er schreibt noch immer die Vorsilben ‚vor' und ‚ver' mit ‚f', und kann einfach nicht ‚wen' und ‚wenn' oder ‚den' und ‚denn' unterscheiden. Da Frank auditiv sehr viel besser wahrnimmt, habe ich die lateinischen Verb-Stammformen auf Cassette gesprochen. Auch das macht ihm Spaß.

Wir hoffen, dass er die Vier in Latein halten kann. Im Gespräch mit dem Lateinlehrer sagte mir dieser, er habe beobachtet, dass Franks Fehler meist auf Lesefehler zurückzuführen seien. Er war sehr freundlich und hat Frank nach schlechten Noten wieder aufgebaut."

Im Schuljahr 1989/90 muss Frank die 7. Klasse wiederholen. Das Zeugnis, das zur Nichtversetzung führt, enthielt mit Ausnahme einer Eins in Sport und je einer Drei in Mathematik und Physik nur die Noten Vier (Religion, Deutsch, Geschichte, Erdkunde, Musik und Kunst) und Fünf (Englisch und Latein). Sekundärsymptomatisch hat sich bei Frank große Angst ausgeprägt. Im Schuljahr 1990/91 (8. Klasse) beschreibt die Mutter Franks Schwierigkeiten so:

„Franks größtes Problem ist seine Angst vor der Schule. Sie wurde in der 5./6. Klasse aufgebaut und erstickte sein Leistungsvermögen. In einer Deutscharbeit zum Stück ‚Die unwürdige Greisin' von Brecht schreibt Frank, was er unter einem Krüppel versteht: ‚Er zittert am ganzen Leib und kann nicht einmal ordentlich sprechen. Das Schreiben kriegt er wegen seines Gezitters auch nicht hin.' – Was soll ich dazu sagen? Frank beschreibt sich selbst als Krüppel! Sein Lehrer will ihn nicht verstehen, geschweige denn helfen, seine Angst vor ihm abzubauen.

Frank sagt, dass er oft am ganzen Leib zittert. Nach der letzten Mathearbeit flogen seine Hände derart, dass er sich draufsetzen musste. Er war gerade noch fertig geworden – Note 1! Was leistet ein Kind in dieser Situation? Müsste man den betroffenen Kindern nicht wenigstens mehr Zeit geben, da sie weitaus mehr Zeit zum Schreiben benötigen?"

Nach der Versetzung in die 10. Klasse sieht Frank voraus, dass zur Fünf in Latein im kommenden Schuljahr leicht eine zweite Fünf in Deutsch oder Englisch hinzukommen könnte, je nachdem, ob die Lehrkräfte den Legasthenieerlass anwenden oder nicht. In diesem Fall droht die Wiederholung der 10. Klasse. Die Mutter schreibt:

„Da Frank die Latein-Fünf [im Versetzungszeugnis nach Klasse 10] kaum wird ändern können, haben wir große Sorge, welche Englischlehrkraft er im kommenden Schuljahr bekommen wird. Er ist auf einen gut strukturierten Unterricht und eine klare Aussprache angewiesen. So hatte er z. B. bei einer Lehrerin überhaupt keine Schwierigkeiten (Noten 2–3), während er bei einer anderen von Anfang an durch undeutliche Aussprache und unklare Linien im Unterricht verloren war: Noten 5–6).

Frank hat große Angst, die 10. Klasse auch wiederholen zu müssen. In den naturwissenschaftlichen Fächern hat er keinerlei Schwierigkeiten. Sein mangelndes Selbstvertrauen zeigt sich jedoch auch in diesen Fächern nach jeder Arbeit. Er meint meistens, eine Vier oder Fünf geschrieben zu haben und kommt dann mit einer Eins oder Zwei nach Haus. Für ihn bedeutet Schule ‚Angst'. Leider hatte er so gut wie nie das Glück, wie seine Geschwister, wenigstens ab und zu an einen guten Pädagogen zu kommen. Er wird allenfalls ‚geduldet', jedoch nicht motiviert und aufgebaut. Frank sagt, dass die Blicke der Lehrer ihn derart verletzen, dass er kein Wort mehr herausbekommt."

Um die Mitte des Schuljahrs, nach dem Halbjahrszeugnis, droht erneut die Nichtversetzung, obwohl die Leistungen in Mathematik und Physik jeweils mit einer Zwei beurteilt worden waren. Die Mutter berichtet:

„Frank erhielt neben der Fünf in Latein nun eine Fünf in Deutsch im Halbjahrszeugnis, obwohl seine Arbeiten jeweils mit ‚schwach ausreichend' zensiert wurden. Die Lehrerin sagte, er stünde im Mündlichen auf einer Sechs. Nach Rücksprache mit dem Kultusministerium legte ich Widerspruch gegen das Zeugnis ein. Die Schule lehnte diesen Widerspruch ab, da er unzulässig sei!"

Daraufhin bittet die Mutter das Kulturministerium, man möge prüfen, ob die Deutsch-Note zu Recht erteilt worden sei – die schriftlichen Arbeiten waren mit „ausreichend" benotet worden, also muss die Note „Deutsch mündlich Sechs" für die Gesamtnote Fünf den Ausschlag gegeben haben. Auf diese Anfrage kommt lange keine Antwort. In dieser Zeit steht der Junge vor einem körperlichen Zusammenbruch, nicht wegen der Noten an sich, sondern weil er sich ungerecht beurteilt fühlt und sich wehrlos weiß.

„Frank sagt, vor den Deutsch- und Englischstunden fängt sein ganzer Körper an zu zittern. Er hat furchtbar abgenommen und droht, vollkommen zusammenzubrechen. Unsere einzige Hoffnung ist sein neuer Mathelehrer. Es ist der Oberstufenleiter, den der ältere Bruder in Physik hat. Vielleicht kann dieser Lehrer gemeinsam mit dem Physiklehrer etwas erreichen. Für mich ist es unverständlich, dass zwei Lehrerinnen (Deutsch und Englisch) – mit Wissen des Schulleiters – ein Kind fertig machen können.

In Deutsch erhielt Frank die erste Arbeit des neuen Schulhalbjahres zurück: Ausdruck 3/ Aufbau 3/ Inhalt 4 (schwach)/ Gesamtnote 4 (schwach). [Rein rechnerisch ergibt sich mit 10 : 3 die Note 3,3, also eine Drei!] Frank sagt, ihm komme es so vor, als hätte man eine Schlinge um seinen Hals gelegt, die jeden Tag etwas fester zugezogen werde.... In Physik erhielt Frank in diesen Tagen die klassenbeste Arbeit zurück."

Am Ende des Schuljahres wurde Frank mit einer Fünf in Latein, einer Vier in Deutsch und jeweils der Note zwei in Mathematik und Physik in die Studienstufe versetzt. Über erste schulische und außerschulische Erfolge berichtet die Mutter im März 1994, als Frank die 11. Klasse besuchte:

„Ich möchte nicht verschweigen, dass Frank inzwischen mehrere Lehrkräfte hat, die sich sehr um ihn bemühen. Seine Deutschlehrerin, die unsere Problematik vom älteren Bruder her kennt, arbeitet ständig daran, ihm bei der Bewältigung seiner Ängste zu helfen. So durfte er ein Referat von seinem Platz aus halten, was für ihn eine große Erleichterung war. Im letzten Deutschtest schrieb er sogar 15 Punkte, also eine Eins!"

Während der Sommerferien hat Frank begonnen, seinen Führerschein zu machen. Nun ist der Fahrlehrer ein ausgesprochener Glücksfall, so dass Frank durch ihn recht viel Selbstvertrauen tanken konnte. Inzwischen hat er den Computer der Fahrschule umorganisiert und seinem Fahrlehrer wichtige Tipps für seine Datenverarbeitung gegeben. Aus der 12. Klasse berichtet die Mutter über folgenden Vorfall:

„Franks Mathelehrer (Leiter der Oberstufe) sagte anderen gegenüber, dass Frank den Unterricht eigentlich gar nicht bräuchte. Kürzlich gab er den Schülern eine Aufgabe, an der sie seiner Meinung nach den ganzen Nachmittag zu arbeiten hätten. Drei Minuten später meldete Frank sich und nannte ihm das Ergebnis."

Frank bestand sein Abitur mit der Durchschnittsnote 2,3 (Mathematik 1/ Physik 1/Deutsch 5). Dass man aus so diskrepanten Fachnoten eine Durchschnittsnote bildet, ist unter statistischem Aspekt völlig unsinnig. Aber die Empfehlungen der KMK für ein bundeseinheitliches Abitur wissen nichts von Statistik! Gäbe es einen Numerus Clausus auch für die Fächer Mathematik und Physik, hätte Frank trotz des bestandenen Abiturs diese Fächer möglicherweise nicht studieren können. Glücklicherweise drängen nicht viele Studenten in diese Fächer, weil sie als schwer gelten. Der Kommentar der Mutter:

„Frank war seit der 5. Klasse in Gefahr, vom Gymnasium zu fliegen. Welch Wunder, dass er nun anders dreinschaut! Seit er keine Schule mehr hat, liest er unheimlich viel. Es sind wahnsinnig dicke Computerbücher (800 Seiten und mehr), die oft sogar in Englisch geschrieben sind. Er liest sie Seite für Seite und hat sich schon viel Wissen vollkommen allein angeeignet.“

Frank studierte an einer Fachhochschule Technische Informatik und arbeitete schon vor dem Abschluss in einer großen Computerfirma mit. Er erhielt, ebenfalls vor seinem Abschluss, die Zusage einer festen Anstellung. Kürzlich konnte er an einer großen Rechenanlage, die wegen eines unbekannten Fehlers nicht in Betrieb genommen werden konnte, als Einziger auf Anhieb den Fehler finden und beseitigen, obwohl er am Bau der Anlage nicht beteiligt gewesen war. Ein vermeintlicher Schulversager mit Spitzenleistungen im Beruf! Warum nur schätzt unser Schulsystem die rechtschriftlichen und sprachlichen Leistung so viel höher ein als die mathematischen und technischen Begabungen?

Beispiel 3

In der Zeitschrift des Bundesverbandes Legasthenie (2/1998) hat eine Mutter den Leidensweg ihres Sohnes durch die Schule geschildert. Martin kam als Zwillingskind zur Welt. Beide Kinder schielten, die Schwester stärker als Martin. Hier sind Ausschnitte des Berichts der Mutter wiedergegeben:

„Mit beiden Kindern besuchten wir regelmäßig den Augenarzt. Dieser kontrollierte die Sehschärfe, verschrieb beiden mit drei Jahren eine Brille und beobachtete das Schielen. Wie von ihm empfohlen, wurde Corinna mit fünf Jahren in der Augenklinik gleich zweimal hintereinander operiert. Die sie dort behandelnden Ärzte fragten fassungslos: ‚Warum kommen Sie erst jetzt?‘ Hatten wir den Fortschritt verschlafen? Leichtsinnigerweise nur dem Votum eines Spezialisten vertraut? Corinnas Operationen verliefen erfolgreich. Trotzdem büßte das Mädchen 50 % seiner plastischen Sehfähigkeit wegen der verspäteten Korrektur ein.

Beide Kinder werden gemeinsam eingeschult. Lebensfroh verließen beide mit grüner Schultüte das Elternhaus. Martin musste immer noch eine Brille tragen, obgleich er nur eine leichte Sehschwäche aufwies. Das Schielen hatte sich verflüchtigt, nach Meinung des Arztes ‚ausgewachsen‘. Doch Martin konnte sich mit sechs Jahren immer noch nicht allein anziehen, verwechselte die Hosenbeine und scheiterte an der Schuhschleife. Um nicht von der Mutter oder Schwester abhängig zu bleiben, steht er morgens eine Stunde früher auf, übt unermüdlich, jeden Morgen neu.

Und dann: Wie schwer ist es für ihn, die Buchstaben zu lernen, b und d, i und t, m, n, r und s und e zu unterscheiden, im Auslaut nichts zu übersehen, die Buchstaben zu lesen, sie zu behalten, zu schreiben, zu Wörtern zusammenzufügen, auch die Zahlen nicht zu verwechseln, sie richtig abzuschreiben, ja seine eigene Schrift wieder zu erkennen und zu entziffern! Wir lassen die Brille überprüfen: Braucht er eine stärkere? ‚Nein,' entscheidet der Arzt, ‚keine mehr, der Junge sieht gut'. So können der Unwillen, Geschriebenes anzuschauen, selber zu erstellen, die mangelnde Lese- und Rechtschreibfähigkeit nicht mit den Augen zusammenhängen, folgern wir als Eltern und auch der Arzt.

Im ersten Schuljahr liest Corinna alle Wörter leicht und schnell und schreibt mühelos. Martin verzagt schon bei den Schwungbögen. Später fragt er: ‚Wie schreibt man p?' Er weint, schreit, ruft nach uns Eltern, nur geborgen bei uns, eng angelehnt an unsere Schulter bringt er stockend, unendlich langsam und mühevoll Buchstaben, Silben und Wörter hervor. Schlägt mit der Hand aufs Buch und stöhnt ‚Die Buchstaben nerven mich!'

Mit Bärenhunger isst und verschlingt er: Nudeln, Reis, Salzgebäck, Dosenwürstchen, Bonbons, und das oft heimlich. ‚Nachschub' versteckt er unter seiner Bettdecke. Sein Bauch schwillt an. Die Klassenkameraden spotten: ‚Doofer, Dicker, Dickerchen!'. Er weint, schluchzt zu Hause: ‚Ich will nicht mehr in die Schule gehen!' Und fragt immer wieder: ‚Warum muss ich schreiben und lesen lernen?' Corinna antwortet: ‚Du musst klug werden, und Lesen macht Spaß!' Oft liest sie ihm Maurice Sendaks Geschichten vom Kleinen Bären vor. Er will sie immer wieder hören.

Zunehmendes Verständnis in der Grundschule und außerschulische Nachhilfe

Und er gibt nicht auf. Trotz größter Mühe, trotz Weinen und Schluchzen, auch wenn es eine Stunde dauert, er wendet sich erst dann wieder dem Spiel zu, wenn er die Hausaufgaben in meinem Arm, seine Wange an meine geschmiegt, erledigt hat. Als er sich endlich am Ende des 2. Schuljahres traut, die ersten Sätzchen langsam und stockend vorzulesen, überliest er alle Konjunktionen und Partikel. Auf die Frage ‚Warum lässt du die kleinen Wörter aus, merkst du nicht, dass der Satz keinen Sinn ergibt?' entgegnet er ‚Ich kann nicht gleichzeitig die großen und kleinen Wörter lesen. Such dir aus, welche ich lesen soll!'

Ein neues Schuljahr beginnt. Er schreibt in kaum lesbarer, verknoteter Handschrift seinen ersten Aufsatz: ‚Der kleine Bär geht mit deinen Feuhden durch die Weld und nachdem sie durchgegangen waren, feirten die feuden ein fülches Fehte.'

Seine Diktate werden nicht bewertet. Aber auch darunter leidet Martin: ‚Ich hab so gehofft, dass ich endlich eine Sechs schreib!' Ich gebe ihm einen Kuss und sage: ‚Warte nur, das geschieht noch, wir üben weiter.' Doch der Bauch schwillt an. Bald hat Martin 20 Kilogramm Übergewicht. Da ich mich weigere, ihm so oft er will, Reis und Nudeln zu kochen, probiert er es allein und kocht sich fast jeden Abend Nudeln mit Tomatensoße. Als ich schließlich keine Nudeln mehr kaufe, erwirbt er sie selber von seinem Taschengeld....

Endlich findet er einen Schulfreund, der ihn nachmittags in den Fußballverein mitnimmt. Er spielt begeistert mit. Schon morgens zieht er das blaugelbe Vereinsshirt, die blaue Hose, die blaugelben Stutzer und darunter die weißen Knieschoner an. Die blaugelben Stutzer trägt er täglich, manchmal auch nachts.

Am Ende des vierten Schuljahrs, die Diktate sind immer noch unbewertet, hält die Lehrerkonferenz ihn trotzdem für eine weiterführende Schule geeignet. In allen Fächern erhält er ein ‚Gut,' nur in Deutsch ein ‚Ausreichend' und in Schrift ein ‚Befriedigend'. Stolz über sein Zeugnis, es ist im Durchschnitt besser als das der Schwester, erzählt er beim Frühstück: ‚Gestern Abend habe ich zwei Spielern beim Fußball die gelbe Karte gezeigt, weil sie ‚Dicker' und ‚Doofmann' zu mir gesagt haben. Beleidigung des Schiedsrichters! Bei vier Karten sind sie draußen!' Und dann zeigt er der Mutter sein feuerrotes Buchstabenlexikon: In einem kleinen Notizbuch prangt auf der einen Seite deutlich und sorgfältig geschrieben das ‚große A', daneben, auf der anderen Seite das ‚kleine a' und so fort bis zum ‚kleinen z'. Und er erklärt: ‚Das Büchlein nehme ich jetzt jeden Tag mit in die neue Schule. Dann kann ich dort nachsehen, wie man die Buchstaben schreibt, die ich immer wieder vergesse,' und steckt es in den Ranzen."

Selbstmordabsichten im Verlauf der weiteren Schullaufbahn

Später findet der Vater Martins Abschiedsbrief auf dem Schreibtisch. Das letzte Wort: „Martin", in Blutbuchstaben. Er bricht in Tränen aus, zerknüllt den Brief, wirft ihn fort und fragt beim Abendspaziergang seine Frau: „Warum hat er es bloß so schwer? Warum müssen wir einen solchen Sohn haben? Ich mag dir gar nicht erzählen, was er geschrieben hat, damit du dich nicht so aufregst." Sie wird es nie erfahren. Erneut suchen sie Hilfe bei Ärzten und Fachleuten. Ein Arzt sagt: „Jede Mutter, die ein solches Kind durch unser Schulsystem bringt, hat das Bundesverdienstkreuz verdient!"

Für viele Jahre geht Martin nun zu einem Therapeuten, der mit ihm spielt, seinen Kummer bespricht und sein Selbstvertrauen stärken kann. Durch ihn bekommt er die Erlaubnis zum Abhören der Tonbänder der Blindenbücherei, und so hört er abends beim Einschlafen die Bücher, die seine Klassenkameraden lesen. Die Mutter liest die Bücher auf Band, die er für seine Schule lesen muss und die er noch nicht in der Hörbücherei ausleihen kann. …

Auf einem Elternsprechtag in der 12. Klasse fragt dann auch ein Lehrer: „Ihr Sohn weiß so viel. Er beteiligt sich sehr rege im Unterricht. Er muss viel lesen!" – „Lesen?" Die Eltern lachen beglückt. „Ja, er hört jeden Abend im Bett, vor dem Einschlafen, die Bücher der Blindenhörbücherei…"

Und doch ein Sehfehler, viel zu spät entdeckt!

Als Martin zwanzig Jahre alt ist und kurz vor dem Abitur steht, diagnostiziert eine Schweizer Augenärztin bei ihm ein verdecktes Schielen. Im Nah-Sehbereich sieht Martin Doppelbilder: Buchstaben und Zahlen verschwimmen vor seinen Augen! Erst jetzt kann die Mutter die Abwehr des kleinen Leseanfängers verstehen, sein Aufstöhnen: „Lasst mich, die Buchstaben nerven mich!"

Martin hat das Abitur bestanden und studiert.

Beispiel 4

Nach erheblichen Anfangsschwierigkeiten mit dem Lesen, die sich die Eltern – die Mutter ist Realschullehrerin – zunächst nicht erklären können, findet die Mutter im zweiten Schuljahr des Jungen allmählich zum Verständnis für das Erscheinungsbild der Legasthenie bei ihrem Sohn. Sie berichtet:

„Inzwischen häufen sich die Diktate mit der Note Fünf. Der Kommentar der Lehrerin lautet: ‚Johannes muss mehr üben!' Mehr Üben ist ein Unding, wir haben schon kein anderes Gespräch mehr außer Üben. Johannes wird mit jedem Diktat, das mit einer Fünf bewertet wird, unglücklicher, aggressiver und empfindlicher zugleich. Eines Morgens kriecht der knapp 8-Jährige zu uns ins Bett, weint und fragt: ‚Warum lebt man, wenn man zur Schule muss?'

Damit war für mich jedes Maß überstiegen. Nach einem sehr ungut verlaufenden Gespräch mit der Klassenlehrerin bot der Direktor von sich aus die Übernahme in eine Parallelklasse an. Hier hatte Johannes das Glück, eine erfahrene, mütterliche Lehrerin zu bekommen. Es blieben noch zehn Wochen bis zur Versetzung, aber Johannes fühlte sich geborgen. Und die

Lehrerin – auch sie sprach noch nicht von Legasthenie – gab mir den Rat, das Kind zurückzunehmen. Er sei noch unreif und einfach überfordert.

Vom Schrecken gepackt ließen wir Johannes bei einer Erziehungsberatungsstelle testen. Ich wollte jetzt wissen, ob er wirklich zu unbegabt oder seelisch krank oder was auch immer sei. Ergebnis: Keineswegs unbegabt, sehr ehrgeizig, stark frustriert durch die Erfolge der großen Schwester und die eigenen Misserfolge. Vielleicht Legastheniker."

Hilfen zum Wiederaufbau des Selbstwertgefühls

„Wir wollten Johannes helfen, mit oder ohne Legasthenie. Um sein Selbstwertgefühl wieder aufzubauen, fing er einen Töpferkurs an. Mit seinen Tonarbeiten konnte er etwas vorweisen, wozu die große Schwester nicht in der Lage war. Wir rieten ihm auch dringend vom Klavierspiel ab, da Birgit ihm ja wieder zwei Jahre voraus war. So spielte er zunächst Posaune, wechselte dann auf Klarinette um. Und es gelang mir, den Schulleiter zu überzeugen, dass Johannes die Klasse wiederholen durfte. ‚Wieso', fragte er, ‚Johannes' Leistungen sind doch insgesamt alle gut bis befriedigend?' – ‚Ja', sagte ich, ‚aber es sind meine Leistungen. Ohne mein Üben und meine Kontrolle wäre er schlecht!' Ein Kind im 2. Schuljahr muss unbedingt auch ohne intensive mütterliche Nachhilfe seine Aufgaben bewältigen können. Ich glaube, dass wir uns damals richtig entschieden haben. (...) Das Wiederholen des zweiten Schuljahres war eine Entspannung für uns alle. Auch die neue Lehrerin war sehr verständnisvoll. Sie sagte mir schon nach kurzer Zeit, dass sie absolut davon überzeugt sei, in Johannes einen Legastheniker vor sich zu haben.

Johannes erhielt nun außerschulisch eine spezifische Förderung, zwei Stunden pro Woche, bei einer Lehrerin, die sich auf Legasthenieförderung spezialisiert hatte. Die Klassenlehrerin bewertete die Diktate nicht, setzte nur Pünktchen unter die falsch geschriebenen Wörter, um ein rotes Schlachtfeld im Heft zu vermeiden.

Die Anerkennung als Legastheniker in Schleswig-Holstein – dennoch erneute Probleme

Am Ende der 4. Klasse erhielt Johannes die Empfehlung für eine Schullaufbahn im Gymnasium – aufgrund seiner Gesamtleistung. Die Mutter berichtet weiter:

„Plötzlich aber ereilten uns die Probleme wieder, als Johannes beim offiziellen Legasthenietest der Schule das Diktat zu gut schrieb, d. h. ausreichend. Die Diskrepanz zur Intelligenz war nicht groß genug. Der Erfolg der zweijährigen Legasthеniebetreuung drohte zum Misserfolg zu werden, denn das Klischee stimmte nicht. Auf unseren Einspruch hin wurde zur Beurteilung nun auch das Aufsatzheft des vergangenen Schuljahres herangezogen. Nach dieser erneuten Prüfung erhielt Johannes den leidigen, aber doch so lebensnotwendigen Stempel als ‚anerkannter Legastheniker'.

Wie sehr Johannes unter Misserfolgen leidet, wurde mir erneut deutlich durch sein Verhalten nach der Empfehlung zur Oberschule. Er war plötzlich rundherum glücklich und entspannt, nach Aussage seiner Klassenlehrerin arbeitete er in den letzten Wochen der Grundschule aktiv und begeistert mit. Dies wiederum wirkte sich auch positiv auf sein Verhalten der Familie gegenüber aus. (…) Die euphorische Stimmung zum Ende des Schuljahres war nur von kurzer Dauer. Aus medizinischen Gründen musste er das Klarinettenspiel aufgeben. Sein Kommentar: ‚Ihr seht, ich bin doch ein Versager', hat uns zutiefst beunruhigt. In dieses seelische Tief traf nun der Übergang auf das Gymnasium. Je mehr ich mich als betroffene Mutter und Lehrerin mit Legasthenie auseinander setzen musste, desto deutlicher war mir klar geworden, dass Englisch im 5. Schuljahr von Legasthenikern kaum zu bewältigen ist. Die englische Orthographie verwirrt alles, was zur Unterstützung der deutschen Orthographie mühsam erlernt wurde. (…) Wir entschlossen uns – zögernd, ob es nicht doch falsch sei – Johannes mit Latein beginnen zu lassen. Leicht fällt es ihm nicht.

Ich bin wieder in der unseligen Lage wie vor vier Jahren, dass ich intensiv mit ihm lernen muss. Es fällt ihm sehr schwer, ähnlich klingende und aussehende Vokabeln auseinander zu halten. Für einige seiner Lehrer ‚gibt es keine Legasthenie', das heißt, ich muss – möglichst ohne dass Johannes selbst es merkt, – seine Musik-, Religions- oder Erdkundehefte korrigieren. Der Deutschlehrer hält sich, Gott sei Dank, an den Legasthenieerlass des Kultusministers. Beim Aufsatz helfe ich Johannes insoweit, als ich den Aufsatz nach seinem Diktat schreibe. Er kann sich dann zunächst auf den Inhalt, später – nach meinem Manuskript – auch auf den Ausdruck konzentrieren. Sonst besteht die Gefahr, dass er nur ‚leichte' Wörter sucht, worunter der Stil begreiflicherweise leidet. (…)."

Ein Jahr später der Wechsel zur Realschule

„Johannes hatte größte Schwierigkeiten, die im Schriftbild oder Klang ähnlichen Lateinverben zu unterscheiden: narrare, clamare, necare, cantare. Er wusste, dass ‚ba' das Imperfekt bildet. Aber seine Form hieß dann nicht ‚lau**da****b**amus', sondern ‚lau**bad**amus. Jedoch Johannes' Lateinlehrer war der Ansicht, dass sich die Legasthenie im Lateinunterricht nicht wesentlich bemerkbar mache. Auch an der Tatsache, dass Johannes in einer Lateinarbeit jede grammatische Frage richtig, aber jede Frage zum Wortschatz falsch schrieb, fand er nichts Außergewöhnliches. Es war nur mangelnder Fleiß! Sein Mathematiklehrer bestätigte mir gleichzeitig, dass Johannes in einem Turm zwar ‚93' richtig errechnet hatte, aber leider ‚39' schrieb. Es kamen noch Probleme mit den Klassenkameraden hinzu. Johannes versteckte sich jede Pause, um mit keinem reden zu müssen. Um die Tragödie nicht auf die Spitze zu treiben, entschlossen wir uns schon im November (der 5. Klasse), Johannes in die Realschule umzuschulen, obwohl die das Problem ‚Englisch' mit sich brachte."

Die Mutter unterrichtete den Jungen neben der Schule in Englisch, damit er die vier Monate Englisch nachholen konnte. Dennoch gibt es wieder Schwierigkeiten:

„Nach den Weihnachtsferien konnte er im Englisch-Unterricht gut folgen und nach den Februarzeugnissen war er mündlich auf dem Klassenstand. Ich war stolz auf seine (und meine) Leistung. Er schrieb die erste Arbeit: ein Vokabeltest. Ergebnis: Von 15 Wörtern bzw. Grammatikformen alle 15 gewusst, aber acht falsch geschrieben. Ergebnis: Note Vier, und damit die schlechteste Arbeit der Klasse. Einen Tag später schimpfte ihn die Deutschlehrerin aus, er sollte sich schämen, ein Diktat mit 24 Fehlern abzuliefern. Johannes gab nun völlig auf. Wozu war die Umschulung einschließlich der Anstrengung des Nachlernens in Englisch nötig gewesen, wenn ihm dann doch in zwei entscheidenden Fächern das totale Versagen bescheinigt wurde?

Nun war allerdings auch für mich der Moment gekommen, alle Register zu ziehen. Ich spannte Ärzte und Psychologen ein und hatte selbstverständlich einige Gespräche mit den Lehrern. Ich konnte erreichen, dass an der Schule der Legasthenieerlass in vollem Umfang beachtet wurde. Bei der Englischlehrerin habe ich im Nachhinein Verständnis und Rücksicht auf Legastheniker erreichen können.

Seit Johannes nun wieder im Schutzraum ist, hat er sich langsam erholt, obwohl er wirklich sehr viel zu tun hat. Sein privater Förderunterricht in Deutsch läuft mit zwei Förderstunden weiter. Wir brauchen viel Zeit für Englisch, und einmal pro Woche hat er ein Gespräch beim Psychologen. Anfangs glaubten wir, es sei nicht zu schaffen, allmählich haben wir wieder Hoffnung gewonnen. Johannes lernt es, seine Zeit besser einzuteilen und konzentrierter zu arbeiten, so dass ihm bei aller zusätzlichen Belastung noch Freizeit bleibt."

2. *Legasthenie aus der Sicht von Lehrern*

Die Frage, wie Lehrer die Legasthenie eines Kindes erleben, ist nicht eindeutig zu beantworten. Immer schon hat es Lehrer gegeben, die die Leistungsunterschiede bei Legasthenikern erkannt und den Kindern geholfen haben, ihr Selbstbewusstsein zu bewahren.

Immer wieder hat man auch von Lehrern gehört, die schon vor zehn und zwanzig Jahren mit einzelnen Kindern täglich in der großen Pause geübt haben, um ihre Leseleistung zu verbessern. Selbst im Gymnasium erkannten Lehrer die Begabungen legasthenischer Schüler. Sie bewerteten ihre Rechtschreibfehler weniger streng und verhalfen ihnen dadurch zu Zensuren, die ihren Sachleistungen entsprachen.

In den meisten dieser Fälle handelte es sich um die glückliche Kombination eines pädagogisch engagierten Lehrers und eines auffälligen Erscheinungsbildes beim Kind. Wenn die gängigen Ursachenerklärungen „dumm oder faul“ ganz offensichtlich auf den Schüler nicht zutrafen, ordneten diese Lehrer den Legastheniker als „Sonderfall“ ein, noch ohne die Ursachen oder den Begriff „Legasthenie“ zu kennen.

a) Lehrer sind häufig ratlos

Schwieriger ist es für Lehrer, die eigentlichen Begabungen eines Schülers zu erkennen, der durch Entmutigung begonnen hat, aufzugeben. Dann können innerhalb kurzer Zeit fast alle Schulleistungen absinken, und der Eindruck eines „schlechten Schülers“ entsteht. Das gilt insbesondere für weiterführende Schulen, in denen die Anfangsschwierigkeiten der Kinder in den ersten Grundschuljahren meist nicht bekannt sind.

Dann werden die Leistungsmöglichkeiten der Legastheniker verkannt. Aber auch, wenn Leistungsdiskrepanzen beobachtet werden (z. B. Aufsatz: Inhalt gut oder befriedigend, Rechtschreibung mangelhaft; oder: Zahlenrechnen gut, Versagen bei Textaufgaben) kann dies geschehen. Weil man nicht glauben kann, dass ein Kind in einem Leistungsbereich ein „guter Schüler“ in einem anderen aber ein „schlechter Schüler“ sein kann, kommt es beim Lehrer zum Bemühen, sich von dem Schüler ein stimmiges Bild zu machen. Das führt zur Leugnung entweder seiner Schwächen oder seiner Stärken.

So wurde beispielsweise ein kleines Mädchen aufgrund eines hohen Ergebnisses im Schulreifetest eingeschult. Den Eltern sagte man eine gute, wenn nicht überdurchschnittliche Schullaufbahn voraus. Nachdem das Kind im ersten Schuljahr schwer lesen gelernt hatte und in der zweiten Klasse in den Diktaten versagte, hieß es: „So begabt, wie Sie denken, ist Ihr Kind nicht!"

In der vierten Klasse, als die Schülerin mit guten Aufsätzen und überdurchschnittlichen Rechenleistungen auffiel, spielte die Schule die Rechtschreibschwäche wieder herunter und empfahl den Eltern, das offensichtlich begabte Kind auf ein Gymnasium zu geben.

Erklärungsversuche: Dumme Schüler – faule Schüler – oder?

Indirekt erfährt man aus Zeugnisbemerkungen, ob ein Lehrer die Leistungsunterschiede bei legasthenischen Kindern akzeptieren und einordnen kann, oder, ob er zu falschen Einschätzungen neigt. In einer Reihe von Fällen zeichnet sich Ratlosigkeit ab.

So schrieb eine Lehrerin am Ende der ersten Klasse die folgende Bemerkung in das Zeugnis eines bis dahin unerkannten Legasthenikers: „Rainer ist in der Lage, die meisten (...) Schlüsselwörter zu benennen (...) Er kann gut geübte Texte lesen (...) Buchstabenfolge und Linien beachten (...) Er ist stets ernst, ruhig und konzentriert."

Der erste Satz der Zeugnisbemerkungen deutet an, mit welchen Problemen sich der Junge herumschlägt: Er hat nicht lesen, sondern Texte auswendig gelernt! Im weiteren Text zeichnet sich ab, dass er anfängliche Schwierigkeiten, die Linien zu beachten, anscheinend überwunden hat. Auch Reihenfolgeprobleme sind offenbar zu Beginn der Schulzeit aufgefallen. Dass sie gelegentlich immer noch auftreten, zeigt sich in einer Rechtschreibprobe zu Beginn der 4. Klasse: Unter anderem schrieb er Bältt statt Blatt, Zlet statt Zelt!

Der erfahrene Diagnostiker erkennt im letzten Satz der Zeugnisbemerkung eine kinderpsychiatrische Diagnose: Dieses Kind zeigt bereits eine depressive Verstimmung. Erstklässler sind normalerweise fröhlich, eher unruhig und voller Leben. Sie lachen gern und sind selten ernst.

Am Ende der zweiten Klasse spürt man in der Zeugnisbemerkung wiederum die Ratlosigkeit der Lehrerin: „Rainer (...) ist fleißig und sollte daher auch seine Leseleistung verbessern können." Da der Junge offensichtlich nicht unbegabt ist – das Zeugnis weist die Mathematiknote „sehr gut" aus – und er auch fleißig zu sein scheint, scheiden die beiden Ursachen „Dummheit" und „Faulheit" als Erklärung für die Leseschwäche aus. Aber eine dritte Erklärungsmöglichkeit fehlt der Lehrerin ganz offensichtlich.

Das kommt auch im Zeugnis am Ende der dritten Klasse wiederum zum Ausdruck: „Rainer muss (...) seine Lesefähigkeit durch Üben noch steigern!" Hier wird das Unvermögen der Schule, Rainer zu helfen, in die

Forderung an das Kind umgemünzt. Was der Schule bisher nicht gelungen ist, soll das Kind nun von sich aus schaffen. Diese Erwartung begegnet uns in Zeugnisbemerkungen bei Legasthenikern häufiger.

Erklärungsversuch: Konzentrationsschwäche

Von einem Schüler, dessen Legasthenie während der Grundschulzeit unerkannt geblieben war, heißt es im Zeugnis der 5. Klasse der Hauptschule: „Der vielseitig interessierte Schüler beteiligt sich zunehmend aktiver am Unterricht. Er arbeitet willig und zuverlässig, wenn auch wegen offensichtlicher Konzentrationsschwächen die äußere Form seiner Arbeiten und das Arbeitstempo noch nicht den Anforderungen entsprechen. Erstaunlich ist sein großes Wissen in den Sachfächern."

Mit der Fehlbeurteilung „Konzentrationsschwäche" versucht die Lehrkraft hier, die sonst unerklärlichen Leistungsschwächen in den sehr positiven Gesamteindruck einzuordnen.

Im Zeugnis eines Schülers der 6. Hauptschulklasse werden die Diskrepanzen in den Schulleistungen noch deutlicher angesprochen: „I. konnte (...) ohne großen Einsatz in seinen Interessenfächern gute Leistungen erzielen. Leider ist es ihm in den sprachlichen Fächern nicht gegeben, mit dem gleichen geringen Aufwand zu angemessenen Leistungsergebnissen zu gelangen. Hier muss er seine Bemühungen erheblich steigern! I. arbeitet immer noch zu langsam, zu unkonzentriert und damit unnötig fehlerhaft."

In diesem Fall kann man sowohl aus der Beurteilung der guten als auch der schwachen Leistungen den Vorwurf der Faulheit herauslesen: Gute Leistungen werden „ohne großen Einsatz" auf Grund von Interessen erbracht, was dem Lehrer offensichtlich als wenig verdienstvoll erscheint. Die schwachen Leistungen kommen vermeintlich durch zu geringen Aufwand zustande. Dies kommt einer Fehlbeurteilung der tatsächlichen Anstrengungen des Schülers gleich. Das Urteil „unnötig fehlerhaft" gründet sich auf die vermutete Konzentrationsschwäche, die mit fehlendem guten Willen gleichgesetzt wird.

So dienen gute wie schwache Leistungen der persönlichen Abwertung des Schülers! Woher soll er da wohl Selbstvertrauen und Leistungsfreude gewinnen? Seine Situation muss ihm – trotz guter Leistungen in den Sachfächern – ganz und gar trostlos erscheinen! Dass er einerseits überfordert, andererseits aber unterfordert ist, vermag der Lehrer nicht zu erkennen.

b) Vorurteile und Konflikte

In Gesprächen mit Lehrern zum Thema Legasthenie stößt man gelegentlich immer noch auf Vorurteile, die letztlich auf die vorwissenschaftlichen Ursachenerklärungen für Schulversagen und auf die Vorstellung einer Globalbegabung bei allen Kindern zurückgehen: Wer eine Leistung nicht erbringen kann, ist dumm oder faul. Wer begabt ist, kann nicht leserechtschreibschwach sein, er strengt sich nur nicht genügend an. Wer leserechtschreibschwach ist, kann nicht begabt sein.

Infolge dieser Auffassungen wird Eltern leicht unterstellt, sie wollten, z. B. durch den Notenschutz, Vorteile für ein unbegabtes Kind einfordern. Eine schulrechtliche Anerkennung der Legasthenie, die zum Notenschutz auch über die ersten beiden Klassen bzw. über die Grundschulzeit hinaus führt, erhält bei Lehrern leicht das Etikett „Persilschein“ oder „Freifahrtschein“. Er bewirke, so meinen diese Lehrer, dass der Legastheniker sich auf „seinen Lorbeeren ausruht“.

Nun wird erstens der Notenschutz nur für die Rechtschreibleistung gewährt, und zwar im Fach Deutsch, in den Fremdsprachen und in allen schriftlichen Arbeiten der anderen Fächer. Inhaltliche Leistungen muss das Kind wie andere Schüler erbringen. Auch in Aufsätzen, in Nacherzählungen und in Grammatikarbeiten im Fach Deutsch wie in den Fremdsprachen muss es sich bewähren. Insofern ist kaum einzusehen, wieso Lehrer dem Notenschutz eine so weitgehende Bedeutung zumessen. Kommt es ihnen am Ende doch nur auf die Rechtschreibleistung an?

Zweitens aber ist zu fragen, wer sich auf dem „Persilschein“ ausruht? Die Feststellung einer Legasthenie soll zur Förderung durch die Schule führen. Das Kind kann sich selbst nicht fördern und Mütter haben auch keine Ausbildung dafür.

Wenn also die Rechtschreibleistungen des Schülers sich nicht verbessern, die Schule also keinen oder einen ineffektiven Förderunterricht erteilt, ruht sich wohl nicht das Kind aus. Im Gegenteil, man könnte sagen, hier nimmt die Schule den Freifahrtschein für sich in Anspruch! Verzeihlich erscheint dies nur, weil auch in den Kultusministerien weithin das Problemverständnis fehlt und die Schulen infolgedessen zu wenig Förderstunden und keine gezielte Ausbildung für die notwendigerweise spezielle Förderung erhalten.

Die schwierige Situation der Lehrer

Bei der Bewertung der Ratlosigkeit von Lehrern und ihrer Vorurteile darf man nicht vergessen, dass die wissenschaftliche Diskussion der vergangenen 20 Jahre Schulbehörden und Lehrer verunsichert hat. Zudem soll der Lehrer für alle Schüler da sein, und er findet in seiner Klasse nicht nur Legastheniker, sondern auch andere Schüler mit Lese-Rechtschreibproblemen vor.

Grundschulrichtlinien und Grundsätze der Kultusministerkonferenz stellen als Hauptaufgabe der Grundschule heraus, das Lesen und Schreiben zu lehren. Sie verpflichten den Lehrer dazu, „dafür zu sorgen, daß möglichst wenige Schüler gegenüber diesen *Grundforderungen* versagen" (Hervorh. v. Verf.).

Die Möglichkeiten, die Lehrern für diese Aufgabe zur Verfügung stehen, sind ein Unterricht mit innerer Differenzierung (verschiedene Schülergruppen erhalten unterschiedlich hohe Anforderungen), zusätzliche Förderstunden und der Appell an die Eltern, mit dem Kind zu Hause mehr zu üben.

Die Empfehlungen der Kultusministerkonferenz legen den Lehrern nahe anzunehmen, dass mit diesen allgemeinen Hilfen alles Notwendige getan ist. Erklärungen für ein anhaltendes Versagen, das spezifischer Hilfen bedarf, geben ihm diese Empfehlungen nicht.

Das Problem der „gerechten" Zensierung

Die Leistungsmessung durch Zensuren im Klassenmaßstab gilt immer noch als eine Aussage für Außenstehende, für Lehrherren, Ausbildungsbetriebe und weiterführende Schulen. Daher müssen Zensuren gerecht vergeben werden. Die herkömmliche Forderung lautet: gleiche Zensur für gleiche Leistung, ohne Ansehen der Person! Hinter dieser Forderung, die allenfalls gegen Ende der Schulzeit als sinnvoll gelten könnte, treten leider pädagogische Überlegungen zurück.

Nun ist zwar durch eine Reihe von Untersuchungen gut belegt, dass gleiche Zensuren keineswegs den gleichen Leistungsstand anzeigen, wenn Schüler aus verschiedenen Klassen oder Schulen kommen. Schon am Ende der ersten Klasse kann es vorkommen, dass von zwei Schülern mit gleich schwacher Leseleistung der eine die erste Klasse wiederholen muss, der andere aber als noch gerade durchschnittlicher Leser in die zweite Klasse mitgenommen wird. Der Unterschied liegt in der jeweils vorhandenen Leistungsfähigkeit der Klassen. In „guten Klassen" haben es Schüler schwer, die in „schwachen Klassen" mithalten könnten.

Darüber hinaus aber entsteht in jeder Klasse das Problem der Entmutigung für diejenigen, die die schwächsten Noten erhalten. Zwar geben die schulrechtlichen Bestimmungen immer auch einen Spielraum für pädagogische Ermessensentscheidungen, bei denen die besonderen Schwierigkeiten eines Kindes berücksichtigt werden sollen, und milder geurteilt werden kann. Doch scheint es Lehrern leichter zu fallen, in sozialen und familiären Problemen „besondere Schwierigkeiten" zu sehen als in einer Legasthenie.

Gerechte Leistungsmessung und „schlechte Noten"

Lehrer sagen häufig den Eltern, sie könnten auf die Zensierung der Diktate auch bei den schwachen Schülern nicht verzichten, denn: „Kinder wollen Zensuren haben". Dies ist auf den ersten Blick richtig. Die Schüler sind daran gewöhnt, dass Anerkennung und Lob in der Schule durch Noten ausgedrückt werden. Fragt man aber einmal nach, welche Noten sie haben möchten, dann wünschen sie sich fast ausnahmslos die Noten 1 oder 2, also Lob, Belohnung, Anerkennung ihres Bemühens!

Da die Noten 5 und 6 von Kindern nicht als sachlich-neutrale Bewertung ihrer Leistung, sondern als Bestrafung erlebt werden, leiden sie unter den „schlechten" Noten. Sie werden mutlos, entwickeln Ängste, trauen sich nichts mehr zu und verlieren so allmählich ihre Leistungsfähigkeit. Aus diesen Gründen stellt sich die Frage nach der „gerechten Zensur" ganz anders:

Soll die Schule nicht die individuelle Leistungsfähigkeit jedes Kindes entwickeln und stärken? Sollte sie nicht als wichtigste pädagogische Aufgabe ansehen, Entmutigung zu verhindern? Gilt dies nicht in besonderem Maße von Schülern mit Lernschwächen, speziell für eine so grundlegende Leistung wie die Rechtschreibung?

Pädagogisches Ziel: Aufbau der Leistung

Die Rechtschreibung kann viel ungestörter aufgebaut werden, wenn das legasthenische Kind in kleineren Schritten fortschreitet als andere Schüler, dabei aber Erfolge erlebt. Dafür gibt es inzwischen genügend Erfahrungen und theoretische Begründungen. Wenn Lernfortschritte, die sich in der Förderung deutlich abzeichnen, in der Schulklasse wieder zu Misserfolgserfahrungen umgemünzt werden, weil die Beurteilung im Klassenmaßstab immer noch zur Bewertung „mangelhaft" führt, dann erscheint „gerechte Leistungsmessung" doch sehr fragwürdig!

Im Grunde stellt die Gleichbehandlung von Ungleichen, d. h. von Kindern mit und ohne Lernbehinderungen für die Schriftsprache, eine Ungerechtigkeit dar. Aus diesem Grunde weist z. B. der Legasthenie-Erlass des schleswig-holsteinischen Kultusministeriums die Lehrer an, Diktate von legasthenischen und leserechtschreibschwachen Kindern nicht mit einer Note, sondern verbal zu bewerten. Dabei sollen die individuellen Lernfortschritte betont und dem Kind bewusst gemacht werden.

Also bedeutet der Notenschutz (keine Zensierung der Diktate und keine Mitbewertung der Rechtschreibung in anderen Arbeiten) nicht ein „Privileg“ für Legastheniker, wie von manchen Lehrern vermutet wird. Eine Mutter hat es treffend formuliert: „Notenschutz ist keine Käseglocke, unter der man das Kind schonen will, sondern ein Sauerstoffzelt, das es zum Atmen braucht!“

c) Randbedingungen: Lehreraus- und -fortbildung und die Stundentafel

Bekanntlich reicht die Lehrerausbildung in der ersten Phase für einen wohlgeplanten Erstleseunterricht sehr häufig nicht aus. In der zweiten Ausbildungsphase ist einem jungen Lehrer in der Regel nicht erlaubt, eine erste Klasse zu unterrichten. Übernimmt er dann als voll ausgebildeter Lehrer ein erstes Schuljahr, fehlen ihm die Erfahrungen mit dem Leselernprozess der Kinder. Erst nach einigen Jahren der Arbeit im Erstleseunterricht wird er die Anforderung, die ihm gestellt ist, überhaupt in vollem Umfang erfüllen können.

Seit die Schülerzahlen zurückgehen, werden häufiger Hauptschullehrer an die Grundschule versetzt. Auch sie stehen, wie ein Berufsanfänger, vor dem Problem, das Lesenlehren erst noch lernen zu müssen! Mehrere Bundesländer bieten daher während des Schuljahres eine gezielte Fortbildung für den Erstleseunterricht an.

Aber auch der erfahrene und bemühte Lehrer kann nicht alle methodischen Hilfen kennen, die ein Schüler mit ausgeprägten Leselernschwierigkeiten braucht. Daher ist es ihm selbst im binnendifferenzierten Unterricht (d. h., wenn er mit kleinen Gruppen annähernd gleicher Leistungsfähigkeit arbeitet) nicht immer möglich, sachgerecht zu helfen. Die Eltern für ihre häusliche Mithilfe angemessen zu beraten, stellt in diesem Fall eine nicht lösbare Aufgabe dar.

Die Förderstunden reichen nicht aus

Eine Umfrage des Bundesverbandes Legasthenie, die 1995 an alle Universitäten und Erziehungswissenschaftlichen Hochschulen gerichtet wurde, brachte ein insgesamt enttäuschendes Ergebnis: Nur an wenigen Hochschulen werden zukünftige Lehrer über die Legasthenie informiert. Selbst in der Ausbildung für Sonderschullehrer wird das Thema nur selten angesprochen. In der Lesedidaktik, mit der zukünftige Grundschullehrer sich in der Ausbildung beschäftigen, werden spezifische, der Kompensation von Leselernschwächen dienende Methoden im Allgemeinen nicht vermittelt. Zukünftige Gymnasiallehrer erfahren während ihres Studiums nur selten etwas über das Thema Legasthenie.

Weiterhin besteht für die Schule das Problem, eine ausreichende Zahl von Förderstunden in den Stundenplan als verbindlich einzufügen. Die Möglichkeiten dafür sind in den verschiedenen Bundesländern unterschiedlich. Immer wieder aber hören wir von Eltern, dass Förderstunden zwar vorgesehen sind, aber nicht durchgeführt werden, weil der Förderlehrer für erkrankte Kollegen vertretungsweise andere Unterrichtsstunden übernehmen muss.

In anderen Fällen fasst man Schüler, die „Deutschförderung" brauchen, also eine Nachhilfe in Rechtschreibung, Grammatik und Aufsatzgestaltung, in einer Gruppe mit legasthenischen Kindern zusammen. Spezielle Übungen für Legastheniker, die in aller Regel keine Probleme mit der Grammatik haben, finden dann nicht statt.

Andernorts fallen Förderstunden für Legastheniker aus, weil die Stunden für die Förderung von ausländischen Schülern oder Umsiedlerkindern gebraucht werden. Das Schulsystem aber darf nicht den Bildungsanspruch der einen Schülergruppe zugunsten des Anspruchs einer anderen aufgeben.

In einer Reihe von Schulen erprobt man inzwischen Modelle, in denen ein für erschwerte Leselernprozesse besonders ausgebildeter Lehrer (meist Sonderschullehrer) in der Grundschule für Einzel- und Kleingruppenförderung leseschwacher Kinder tätig ist. Dieser Lehrer kann seine Kollegen und auch die Eltern für eine begleitende und nachgehende Förderung, z. B. im Anschluss an zeitlich kompakte Intensivförderung, beraten.

In einem „Zwischenbericht der Forschungsgruppe Früherkennung und Frühförderung von Kindern mit Lese- und Rechtschreibschwierigkeiten 1993–1998", der im Auftrag des Kultusministeriums Mecklenburg-Vorpommern 1996 veröffentlicht wurde, ist eine Untersuchung über Erfolge in Lese-Intensivmaßnahmen aus Schleswig-Holstein enthalten.

Lese-Intensivmaßnahmen dauern mindestens zehn bis zwölf Wochen; in denen Kinder, die in ein oder zwei Schulbesuchsjahren das Lesen nicht erlernt haben, es nunmehr lernen. Sie besuchen diese Kurse gastweise und kehren danach in ihre eigene Klasse zurück. Die Ergebnisse der Erfolgskontrollen haben gezeigt, dass es leseschwache Schüler gibt, die ohne ausreichenden Erfolg aus der Intensivmaßnahme in die Regelklasse zurückgegangen sind. Spätere Überprüfungen der Lese- und Rechtschreibleistungen dieser Schüler ließen erkennen, dass sie bis zum Ende der 4. Klasse auf dem Leistungsstand stehen geblieben sind, den sie bei Abschluss der Intensivmaßnahme erreicht hatten, d. h. bei überwiegend lautgetreuen, daher fehlerhaften Schreibungen. Auch lasen sie noch sehr langsam und stockend, wie Erstklässler am Ende der Klasse.

Offensichtlich gibt es Schweregrade der Lese-Rechtschreibschwäche – häufig in Verbindung mit einer Vorgeschichte von Frühgeburt, Brutkasten, Frühgeborenen-Gelbsucht oder anderen Geburtsrisiken – für die weder eine schulinterne Kleingruppen-Förderung noch die Hilfen der Intensivmaßnahmen ausreichen. Die Schule kann daher ihren Auftrag, alle Kinder das Lesen und Schreiben zu lehren, nicht ohne gestufte Organisationsformen der Förderung erfüllen. Die Hilfen müssen den Schweregraden der Erscheinungsbilder von Lese-Rechtschreibschwächen gerecht werden.

Schulbehörden sind heute eher geneigt, Intensivmaßnahmen einzurichten anstatt LRS-Klassen. Solche Klassen gab es in den 70er-Jahren in Bonn, Düsseldorf, Freiburg, Hamburg, Hannover, Karlsruhe und Köln. In der damaligen DDR gab es LRS-Klassen in einzelnen Orten aller Bezirke. Heute findet man sie im Westen noch in den Städten Freiburg und Karlsruhe, im Osten in den Ländern Mecklenburg, Sachsen, Sachsen-Anhalt und Thüringen. Zieht man aus den Ergebnissen der zitierten Untersuchung nüchterne Schlussfolgerungen, so stellen Intensivmaßnahmen und LRS-Klassen notwendige Maßnahmen dar, die unterschiedlichen Schweregraden der Leseschwächen gerecht werden.

Der Bundesverband Legasthenie fordert angesichts der beschriebenen Situation Lehrer mit einer Ausbildung als „Lesespezialisten“ für

- die Früherkennung von Leselernproblemen möglichst noch im Verlauf der ersten Klasse durch Siebungsverfahren wie z. B. die Diagnostischen Bilderlisten (Dummer-Smoch 1993);
- die Feststellung der Legasthenie (einschließlich der Diagnose von Stärken und Schwächen in den allgemeinen Lernvoraussetzungen) möglichst bis zum Ende der Klasse 3;
- die spezielle Förderung, mit kompensatorischen Hilfen, wie z. B. Lautgebärden;
- die Information und Beratung der Eltern über die Stärken und Schwächen ihres Kindes und über Hilfen, die sie zu Hause geben können.

Erst wenn diese Voraussetzungen erfüllt sind, wird es nicht mehr zu den Missverständnissen und Konflikten zwischen Eltern und Lehrern kommen, die heute noch häufig durch die Legasthenie eines Kindes ausgelöst werden.

3. Die Not der Kinder

Wenn man sehr junge Kinder zu ihrer Legasthenie befragt, so erhält man manchmal seltsame Antworten, die keineswegs erkennen lassen, ob das Kind sich mit seinem Problem auseinander setzt oder gar darunter leidet.

Verhaltensbeobachtungen lassen in diesen Fällen mehr erkennen: Kopf- oder Bauchschmerzen am Morgen vor Schulbeginn, speziell vor einer Klassenarbeit, Leseunlust, schlecht geführte oder zerrissene Hefte sprechen eine deutliche Sprache. Ebenso sollten Schlafstörungen, Abkauen bzw. „Abpulen" der Finger- oder Fußnägel, das Verstecken von Klassenarbeitsheften, als Notsignale verstanden werden.

Gelegentlich aber kommt es zu spontanen Äußerungen, die zumindest indirekt erkennen lassen, dass das Kind leidet. Im Folgenden werden Berichte von Eltern wiedergegeben:

Wutanfälle und Aggressionen bei einem irritierten Kind

„Uwe kommt vom Sport nach Hause. Er ist sehr aufgekratzt und munter, und beantwortet unbefangen die Fragen nach den Hausaufgaben: ‚Nur Englisch, Vokabeln und etwas auswendig lernen'. Er holt auch sein Heft bereitwillig in die Küche, damit während des Abendessens gefragt werden kann.

Aber bei meinen Fragen wird er ungeduldig, wenn er etwas nicht weiß. Ich werde laut und er geht wütend und zugleich geknickt in sein Zimmer. Ich bringe das Vokabelheft hinterher, er schleudert es fort! Ich lasse ihn zufrieden und gehe wortlos. Meine Frau geht in sein Zimmer und fragt nach den Hausaufgaben, Er sagt: ‚Ja, mache ich aber nicht, ist ja doch alles egal!' Meine Frau geht. Auch ich lasse ihn in Ruhe. Er geht ins Bett (…)

Als es dunkel ist, gehe ich noch einmal zu ihm. Er kommt sofort hoch, ich kann ruhig mit ihm über die Aufgaben sprechen. Er: ‚Morgen ist ein Englisch-Test (schriftliche Hausarbeits-Kontrolle mit Zensur). Ich würde am liebsten krank sein. Ich will nicht in die Schule. Ist ja doch alles egal, ich bekomme immer nur 5 und 6!'" (Brief eines Vaters an d. Verf.)

Wunsch- und Tagträume

Im Rahmen einer Testuntersuchung wurde einem legasthenischen Kind die Frage gestellt: „Wenn du zaubern könntest, was würdest du dir herbeizaubern?“ Die Antwort lautete:

„Ich würde den Kummer wegzaubern und die Not und die Legasthenie. Ich würde zaubern, dass ich als ganz kleines Baby geboren werde, um von alledem nichts mehr zu wissen.“

Michael Holzach, ein junger Schriftsteller, berichtet in seinem Buch „Deutschland umsonst“, dass er als erwachsener Mann beim Besuch seiner alten Internatsschule von seinen Tagträumen als Junge erfuhr (1982, S. 71):

„Bei einem Glas Apfelsaft höre ich staunend von meinem Lehrer, daß ich schon als Dreizehnjähriger von Holzminden nach Hamburg laufen wollte, und zwar barfuß. Langsam kehrt die Erinnerung zurück: Nachdem ich das dritte Mal sitzengeblieben war, wollte ich der ganzen Schule zeigen, wozu ich fähig war, was in mir steckte. Vokabeln konnte ich mir nicht merken, was Adverbialkontributionen sind, blieb mir bis heute ein Rätsel, aber die Fähigkeit, trotzdem Einmaliges zu vollbringen, die wollte ich allen beweisen.“

Bin ich vielleicht dumm?

In einigen Aussagen legasthenischer Schüler aus dem Legasthenie-Zentrum des Jugenddorf-Christopheruswerks in Oberurff wird deutlich, wie wenig sich der Legastheniker von den Fremdbeurteilungen, er sei dumm, faul oder flüchtig, lösen kann:

„Ich glaube, dass ich zu früh in die Schule gegangen bin und, weil ich früher nicht so geübt habe. Und vielleicht, weil ich immer meine Hausaufgaben nicht gemacht habe.“

„(…) dass einen Sachen, die einem beigebracht werden, langweilen, und man deswegen viele Flüchtigkeitsfehler macht.“

„(…), dass ich meistens länger lernen muss als die anderen und nicht so schnell begreife, wie die anderen.“

In Dänemark wurden Erwachsene, ehemals legasthenische Schüler, nach ihren Schulerfahrungen befragt. S. A. Tordrup (1970, S. 197) gibt eine Reihe von Äußerungen wieder:

„Ich dachte, irgendetwas müsste mit mir los sein, wenn ich nicht wie die anderen Kindern lesen lernen kann. Sollte ich etwa dumm sein?“

„Ich nahm für einige Zeit an, ich sei dumm“.

„Ich fand es komisch, dass ich nicht so lesen konnte wie die anderen, bis ich zu wissen bekam, dass ich wortblind war“ (in Dänemark wird die Legasthenie als „Wortblindheit“ bezeichnet).

„Es quälte mich, dass ich der Schlechteste in der Klasse war; in der Leseklasse war ich der Beste“ (in Dänemark können Legastheniker besondere Kleinklassen besuchen).

„Ich grübelte darüber nach, warum ich nicht lesen konnte. In der Leseklasse bekam ich es dann zu wissen.“

Aus diesen und weiteren Äußerungen ging hervor, dass die Erwachsenen sich erinnerten, wie wichtig es für sie war, zu erfahren, dass ihre Leselernschwierigkeiten nichts mit Dummheit zu tun hatten.

Realistische Wünsche der Legastheniker

Tordrup fasst Aussagen zu den schulischen Anforderungen wie folgt zusammen:

„Die Leseschwachen (...) erwarten jedoch, daß die Lehrer ihre Behinderung kennen, dafür Verständnis haben und danach ihre Ansprüche einrichten. Stellen die Lehrer unerfüllbare Anforderungen und begegnet man den Leseschwachen mit Vorwürfen, selbst dann, wenn sie ihr Bestes gegeben haben, empfinden sie dies als Unrecht.“ (Tordrup 1970, S. 198)

Erwachsene, denen in der Schule mit Unverständnis begegnet worden war, zeigten in den Interviews selbst nach vielen Jahren noch Gefühle der Scham, der Minderwertigkeit, der Unsicherheit und Angst. Sie empfanden noch in der Erinnerung die damals erlebten Kränkungen, wenn sie an ihre Lehrer zurückdachten.

Von ähnlichen Gefühlen berichtet auch Michael Holzach: „Und nun, nach zwei Jahrzehnten, komme ich zwar in Schuhen, aber doch zu Fuß aus Hamburg, um mir als erwachsener Mann die Bestätigung abzuholen, die ich als Kind so nötig gebraucht hätte. Hier, vor meinem alten Lehrer bin ich wieder der kleine Quintaner, mit den gleichen Ängsten, den gleichen Selbstzweifeln, da hilft kein Abitur, kein Studium und auch kein angesehener Redakteursposten mit Telefon und Sekretärin, die mir die Rechtschreibfehler aus den Manuskripten sucht.“ (Deutschland umsonst, 1982, S. 71)

III. Teilleistungsschwächen als Ursachen von Legasthenien

Schon in den Anfängen der Legasthenieforschung erschien der einfache Zusammenhang zwischen einer einzigen Ursache und dem Erscheinungsbild von Legasthenien fraglich. Man sprach von mehreren Ursachenebenen (Meyer/Meyer 1972, S. 20):

- primäre oder biologische Ursachenebene (Auge, Ohr, Gehirn),
- sekundäre Ebene der Funktionsschwächen,
- tertiäre Ebene der Erscheinungsformen.

Auf der Ebene der Erscheinungsformen wurden wieder drei Stufen unterschieden: Aus dem Lese- und Rechtschreibversagen ergeben sich (durch Entmutigungen) allgemein schwache Schulleistungen und daraus wiederum zunehmend Verhaltensstörungen. Steht das Erscheinungsbild von Verhaltensstörungen im Vordergrund, so wird eine bis dahin unerkannte Legasthenie ohne eine diagnostische Untersuchung nicht mehr erkannt.

Ob man früher von Funktionsschwächen, dann von Teilleistungsschwächen oder heute – seit den Ergebnissen von Untersuchungen mit bildgebenden Verfahren – häufiger von Schwächen der zentralen Verarbeitung von Wahrnehmungen spricht: Es ist immer der gleiche Sachverhalt gemeint. Trotz intakten äußeren Gehörs („das Kind hört wie ein Luchs“) und des Sehens in der augenärztlichen Untersuchung („das Kind sieht wie ein Adler“) können in allen Wahrnehmungsbereichen Schwächen der zentralen Verarbeitung liegen, nicht nur in der Seh- und Hörverarbeitung. Hinzu kommen Störungen der Grob- und Feinmotorik, die das Zusammenspiel zwischen Wahrnehmungen und Bewegungen erschweren. Lesen und Schreiben sind ja Prozesse, bei denen es z. B. nicht nur auf die genaue Unterscheidung von Lauten, teils sehr ähnlicher Laute, und von Buchstabenzeichen ankommt, sondern auch auf das Zusammenspiel von Artikulationsmotorik und Wahrnehmung der eigenen Sprache. Beim Schreiben ist das Zusammenspiel von Handmotorik und der inneren Vorstellung der zu schreibenden Buchstabenform entscheidend. Verbunden sind die Verarbeitungsschwächen in der Regel mit undeutlicher Aufnahme über die Wahrnehmung und entsprechend unsicherer Speicherung, so dass das betroffene Kind sich z. B. an die Buchstabenformen oder an den richtigen

Buchstaben für einen unsicher wahrgenommenen Laut nicht gut erinnern kann. In der Regel kommt es auch zur Verlangsamung aller mit dem Lesen und Schreiben verbundenen Teilschritte.

Breuer und Weuffen haben ein Verfahren entwickelt, mit dem man schon im Vorschulalter, aber auch noch während des ersten Schuljahrs, fünf Teilleistungen überprüfen kann, die für das Lesenlernen von großer Bedeutung sind. Sie prüfen

- die Fähigkeit zur optisch-graphomotorischen Differenzierung,
- die Fähigkeit zur phonematisch-akustischen Differenzierung,
- die Fähigkeit zur kinästhetisch-artikulatorischen Differenzierung,
- die Fähigkeit zur melodischen Differenzierung und
- die Fähigkeit zur rhythmischen Differenzierung.

Beim einzelnen Kind können eine oder mehrere dieser Verarbeitungsschwächen vorhanden sein. Ein Training der schwachen Differenzierungsleistungen hat sich bewährt. Der Schweregrad der Leselernschwächen konnte nachweislich vermindert werden (Breuer/Weuffen 1993).

Ein etwas anderer Ansatz früher Förderung ist in den letzten Jahren in Deutschland von einer Arbeitsgruppe in Würzburg (Schneider und Mitarbeiter 1998) entwickelt worden. Dieser Ansatz besteht in einem Training der „Phonologischen Bewusstheit" bereits im Kindergarten, ein Jahr vor der Einschulung. Von „Phonologischer Bewusstheit" oder „Lautbewusstheit" spricht man, wenn Kindergartenkinder sich von der Bedeutung eines Wortes lösen und ihre Aufmerksamkeit auf die Laute des gesprochenen Wortes richten können. Man prüft (und übt!) diese Fähigkeit, indem man Aufgaben stellt, die das Heraushören z. B. von Anfangslauten, von Endlauten oder aller Laute in einem kurzen, gesprochenen Wort erfordern. Auch die Erfassung der Silbenzahl eines Wortes ist eine Leistung der phonologischen Bewusstheit und ebenso die Fähigkeit, unter drei oder vier verschiedenen Wörtern zwei herauszufinden, die sich reimen, z. B. „Haus, Reis, Hütte, Maus". Wer diese „Spiele mit Wörtern" leicht findet und sie gerne spielt, kann mit dem Lesenlernen beginnen.

Schneider und Mitarbeiter haben in verschiedenen Kindergärten ein Jahr vor der Einschulung alle Kinder trainiert. Sie fanden bei den trainierten Vorschülern am Ende des zweiten Schuljahrs im Vergleich mit früher nicht trainierten Kindern deutlich bessere Leistungen in einem Rechtschreibtest. Zweifellos ist es wichtig, solche Spiele auch in den Schulanfang mit einzubeziehen und zu schauen, welcher Schulanfänger mit dem Lesenlernen beginnen und welcher vorerst mit entsprechenden Spielen seine Lautbewusstheit aufbauen oder verbessern sollte.

Solche Spiele kann man mit Bildern aus Memory-Spielen leicht selbst zusammenstellen: Eltern suchen z. B. Bilder von Wörtern mit gleichen Anfangslauten heraus, möglichst immer eine gerade Zahl und anfangs vor allem mit den dehnbaren Konsonanten /l/, /m/, /n/, /r/, /s/, /w/ und /z/. Dann spielt man entweder nach den Spielregeln des Memory, nur mit dem Unterschied, dass jemand, der ein Kartenpaar gewonnen hat, nicht weiter an der Reihe ist. Oder man verteilt die Bilder mit der Bildseite nach oben auf dem Tisch und der erste Mitspieler sagt: „Ich seh', ich seh', was du nicht siehst, und das fängt mit /m/ an". Jedes mitspielende Kind, das ein entsprechendes Bild findet, darf es behalten. Entsprechend kann man mit Bildern verfahren, aus denen man Reimpaare finden kann (Hose – Rose) oder Bilder von Wörtern mit gleicher Silbenzahl. Solche Spiele wurden von mir herausgegeben (Dummer-Smoch 2001).

In der Einzelfalldiagnostik begegnen uns allerdings Erstklässler, die noch am Ende des Schuljahrs solche Spiele nicht mögen. Auch Schneider und Mitarbeiter fanden am Ende der zweiten Klasse Schüler, deren Leistungen im Rechtschreibtest nicht den Anforderungen entsprachen. In solchen Fällen muss eine gründliche Förderdiagnostik durchgeführt werden, um herauszufinden, in welchen Wahrnehmungsbereichen diese Kinder spezifisches Training brauchen. In der Regel liegen Entwicklungsverzögerungen vor, die häufig auch die Sprache betreffen.

Die Vorstellung von Verarbeitungsschwächen in verschiedenen Wahrnehmungsbereichen, in der Motorik und im Zusammenspiel zwischen Wahrnehmungsbereichen und Motorik macht zugleich einsichtig, warum die Lernschwächen legasthenischer Kinder nichts mit zu schwacher Intelligenz zu tun haben.

Früher galten lese-rechtschreibschwache Kinder durchweg als „dumm". Thomas Alpha Edison, der große Erfinder und einer der berühmt gewordenen Legastheniker, wurde wegen seiner Leselernprobleme von seinem Lehrer ein „Dummkopf" gescholten. Auch heute noch meinen viele Menschen, an der Rechtschreibung könne man die Begabung eines Kindes oder Jugendlichen ablesen. Daher benutzen viele Behörden und Firmen zur Auslese von Bewerbern für Ausbildungsplätze unter anderem einen Rechtschreibtest.

Nun lernen zwar intelligentere Kinder in der Regel schneller und leichter lesen und schreiben als weniger Begabte. Das gilt aber bei weitem nicht immer! Als ein Beispiel dafür, wie trotz guter intellektueller Befähigung eine Denkleistung dennoch nicht gelingen kann, sofern nämlich eine Störung der Wahrnehmung vorliegt, kann die Rot-Grün-Blindheit gelten.

Nehmen wir an, einem rot-grün-blinden Kind sei die folgende Aufgabe gestellt: Es soll eine bestimmte Reihenfolge farbiger Perlen nach einer

Vorlage auffädeln, dabei die Gesetzmäßigkeit in der Reihenfolge erkennen und das Muster entsprechend fortsetzen. Dies ist eine Testaufgabe, wie sie in ähnlicher Form in vielen Intelligenztests vorkommt. Das rot-grün-blinde Kind wird die Aufgabe nicht lösen können, sofern rote und grüne Perlen dabei unterschieden werden müssen. Gibt man ihm ausschließlich andersfarbige Perlen, so vermag es die richtige Lösung zu finden.

Es leuchtet ein, dass die falsche Lösung in diesem Fall nicht auf einem Mangel an Intelligenz beruht, sondern auf einer Störung im Bereich der visuellen Wahrnehmung.

Das Verhältnis von Wahrnehmung und Denken

In der Zeit, als die Legasthenie als ein besonderer Fall von Schulversagen auffiel, sprach man von „isolierter" oder „partieller" Lese-Rechtschreibschwäche. Diese Formulierung meinte, dass die Lernvoraussetzungen eines Legasthenikers nur für das Erlernen des Lesens und Schreibens eingeschränkt seien, die Denkfähigkeit aber nicht. Dies ist später missverstanden worden. Vor allem Lehrer meinen heute, man dürfe von „isolierter" Schwäche nicht sprechen, weil ja bei legasthenischen Kindern durch Entmutigung rasch ein allgemeineres Schulversagen eintreten kann.

Aus diesem Grund mag es hilfreich sein, sich das Verhältnis von Teilleistungsschwächen der Wahrnehmung und Motorik zu Intelligenzleistungen im engeren Sinne an einem Schaubild klarzumachen:

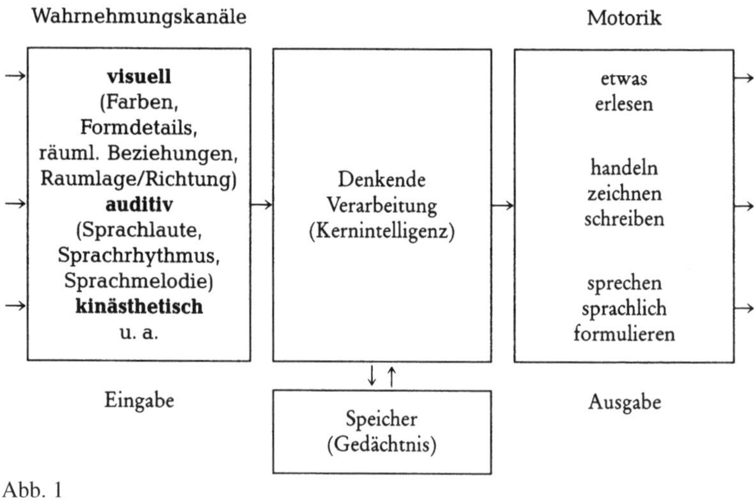

Abb. 1

In diesem stark vereinfachten Modell wird der Weg der Informationsaufnahme und -verarbeitung bis zur Aufgabenlösung dargestellt.

Denken verarbeitet Wahrnehmungen und gespeichertes Wissen

Auf der linken Seite kommen die Informationen aus der Umwelt über die verschiedenen Wahrnehmungskanäle in das Gehirn. Das Gehirn stellen wir uns als einen Ort vor, in dem denkende Verarbeitung, Kombinieren und Problemlösen stattfinden. Es kann die aufgenommenen und verarbeiteten Informationen abspeichern, aber das gespeicherte Wissen auch abrufen, wenn es für die Verarbeitung der neuen Informationen benötigt wird.

Auf der rechten Seite unseres Schaubildes sind die Kanäle nach außen, vor allem Motorik und Sprache angedeutet, über welche Aufgabenlösungen, bzw. Denkergebnisse in mündlicher oder schriftlicher Form wieder in die Umwelt gelangen.

Wenn jemand keine Teilleistungsschwächen der Wahrnehmung oder Motorik hat, dann wird er jede Information – gleichgültig ob er sie hört, sieht, riecht oder ertastet – ungestört aufnehmen und die Aufgabenlösung wird seinen intellektuellen Fähigkeiten entsprechen.

Im Falle von Teilleistungsschwächen kann der gestörte oder beeinträchtigte Wahrnehmungskanal das Gehirn nicht mit der nötigen Information versorgen. Bei einer Wahrnehmungsschwäche im auditiven Bereich ist es dem Kind beispielsweise nicht möglich, die Laute **o** und **u** zu unterscheiden. Dies kommt bei Legasthenikern ziemlich häufig vor, insbesondere, wenn es sich um kurz gesprochene Vokale handelt.

Fehler durch Wahrnehmungsschwächen sind keine Denkfehler!

Wenn es an einer auditiven Wahrnehmungsschwäche leidet, vermag das Kind bestimmte Leseaufgaben im ersten Anlauf nicht zu lösen. Diese Unfähigkeit spricht aber nicht für mangelnde Intelligenz, sondern nur für die beschriebene Wahrnehmungsschwäche.

Noch schwerer fällt diesem Kind dann die richtige Schreibung von Wörtern mit kurzen Vokalen. Beim Lesen ist es leichter möglich, aus dem Sinnzusammenhang des Textes ein Wort zu erraten. Wenn es das Wort aber niederschreiben soll, ist das Kind auf seine eigene Artikulation angewiesen, die ihm wegen der Wahrnehmungsschwäche keine sichere Entscheidungshilfe gibt.

Erliest ein Kind andererseits infolge einer Sequenz- oder Reihenfolgestörung ein Wort wie „Kamel“ als „Kamle“, dann gibt ihm der Speicher keine Bedeutung für dieses Wort her, weil es in dieser Form ja nicht vorkommt. Das jüngere Kind nimmt dann an, dass es sich um ein Wort handele, das es noch nicht kennt. Erst ältere Legastheniker vermögen mit Hilfe von Hinweisen aus dem Textzusammenhang solche Wörter trotz der Verlesung zu erschließen und ihre Lesefehler auf diese Weise zu kompensieren.

Zuerst Hör- und Sehvermögen überprüfen lassen!

Nicht nur Teilleistungsschwächen, auch unerkannte Hörbehinderungen und Sehfehler erschweren das Lernen in der Schule, insbesondere das Erlernen des Lesens und Schreibens. Daher sollte es in den Schulen zur Regel werden, Eltern mit einem Kind, das Schulschwierigkeiten hat, zu allererst zum Augen- und Ohrenarzt zu schicken. Sie müssen aber dort auch auf die Schulschwierigkeiten ihres Kindes hinweisen, damit umfassend untersucht wird.

Es hat sich gezeigt, dass mancher schwache Schüler nur wegen einer unerkannten Hörbehinderung dem Unterricht nicht zu folgen vermochte. Wie ein legasthenisches Kind kann auch ein solcher Schüler durch zunehmende Entmutigung so scheitern, dass er sonderschulbedürftig erscheint.

Bei den Sehfehlern bleiben vor allem die geringfügigen Abweichungen vom normalen Sehen häufig unerkannt und führen zu Schulproblemen. Wenn ein Kind ganz offensichtlich schielt, schaltet das Gehirn beim Lesenlernen den Bildeindruck des einen Auges gewissermaßen ab. Es besteht zwar in diesem Fall die Gefahr, dass die Sehkraft des nicht benutzten Auges allmählich verloren geht. Aber dem Leselernprozess kommt das einäugige Sehen zugute: es entstehen keine verschwommenen oder sich überdeckenden Bilder.

Anders geht es bei Weitsichtigkeit oder Schielstellungen zu, wenn sie geringfügig von den normalen Verhältnissen abweichen: Im Gehirn bilden sich gewissermaßen zwei Bilder von Buchstaben oder Wörtern ab, die sich nicht zu einem deutlichen Seheindruck verbinden, sondern zu verschwommenen, ineinander rutschenden Buchstabenfolgen. Vor allem bei kleinerer Schrift ist es dem Kind dann unmöglich, Buchstabenformen oder Wortbilder zu unterscheiden oder wieder zu erkennen. In diesem Fall stellt die Zuordnung der entsprechenden Laute ein erhebliches Problem dar (vgl. Beispiel 3, S. 24ff).

Das Ineinanderrutschen der Seheindrücke kann anfänglich beim Lesen vom Gehirn aus noch kompensiert werden. Das aber erfordert Anstrengung. Kinder, die diese Probleme haben, klagen nach kurzer Zeit über Müdigkeit, sie beginnen zu gähnen, reiben ihre Augen, und sie machen zunehmend mehr Lesefehler. Ausgesprochene Leseunlust und häufiges Gähnen beim Lesen sollten stets den Verdacht auf Sehfehler begründen und die Eltern bewegen, ihr Kind dem Augenarzt vorzustellen.

Teilleistungsschwächen bei gutem Gehör: Zentrale Fehlhörigkeit

Bei zentraler Fehlhörigkeit kann ein Kind in einem stillen Raum völlig normal hören. In geräuschvoller Umgebung sinkt die Hörleistung des zentral fehlhörigen Kindes jedoch massiv ab. In einem Klassenraum, wo es viele Nebengeräusche gibt, ist es ihm nicht möglich, Sprache zu verstehen. Es nimmt die Nebengeräusche wesentlich lauter wahr als ein normalhöriges Kind. Ihm fehlt die „Filterfunktion" des Gehörs, mit der wir uns normalerweise auch in einem Sprachgewirr auf einen Sprecher einstellen können. Das Richtungshören ist gleichfalls beeinträchtigt. Im Klassenraum kann ein fehlhöriges Kind nicht feststellen, aus welcher Richtung ein anderes Kind spricht.

Daher wird ein fehlhöriger Schüler häufig als unkonzentriert und unwillig wahrgenommen, als störend, weil er beim Sitznachbar nachfragt, wenn er eine Anweisung der Lehrerin nicht verstanden hat. Auch während des Diktats muss er häufiger die Lehrerin fragen, weil er während des Schreibens bereits diktierte Wörter aus dem „Speicher" verliert. Mit der Fehlhörigkeit sind meist noch andere Teilleistungsschwächen verbunden. Daher zeigen die Lese- und Rechtschreibschwächen dieser Kinder meist erhebliche Schweregrade. So wiesen die Schreibungen von Felix (Name geändert), über den nachfolgend berichtet wird, im zweiten Schulbesuchsjahr noch viele spiegelbildlich geschriebene Druckbuchstaben auf.

Felix zeigte das typische Erscheinungsbild einer Legasthenie bei zentraler Fehlhörigkeit. Er wurde wegen vermeintlicher Sonderschulbedürftigkeit im zweiten Schulbesuchsjahr testdiagnostisch untersucht.

Nach Aussage der Grundsschullehrerin entsprachen seine Leistungen im Rechnen, Lesen und Schreiben nicht den Anforderungen des Unterrichts. Sie beschrieb ihn so:

„Felix macht häufig einen schulunlustigen, gelangweilten Eindruck. Gelegentlich guckt er minutenlang vor sich hin und scheint völlig abwesend zu sein, oder er albert herum und gibt freche Antworten. Er arbeitet nur, wenn eine Lehrkraft neben ihm sitzt. Er hat keinen Ehrgeiz, fertig zu werden und schafft manchmal nur sehr wenig. Bei mündlichen Anweisungen fragt er oft nach und hört bei Erklärungen nur zu, wenn er als Einzelperson angesprochen wird. Erklärungen im Klassenverband sind für ihn wirkungslos, da er nicht hinhört.

Aufgrund von Leseproblemen bestehen Schwierigkeiten bei Sachaufgaben. Felix kennt alle Buchstaben. Er kann sie benennen und schreiben. Ein fehlerhaftes Abschreiben ist möglich. Unbekannte Texte kann er jedoch nicht erlesen."

Die Untersuchung wegen Verdachts auf sonderpädagogischen Förderbedarf hatte andere Beobachtungs- und Testergebnisse:

Felix war während der Untersuchung motiviert, ehrgeizig und sehr bemüht, die an ihn gestellten Anforderungen so gut wie möglich zu erfüllen. Der Intelligenztest ergab einen überdurchschnittlichen IQ. Stärken fanden sich in der visuellen Merkfähigkeit und beim logischen Schlussfolgern.

Die Schulleistungen erwiesen sich im Vergleich zu Erstklässlern als durchschnittlich. Jedoch war das Schreiben nach Diktat nicht möglich. Felix konnte Buchstaben lesen. Demgegenüber gelang ihm nur zum Teil, vorgesprochene Wörter in einer Wörterliste aufzusuchen. Wörter konnte er erlesen, doch scheiterte bei zunehmendem Textumfang die Sinnentnahme.

Die ohrenärztliche Untersuchung führte zu folgendem Befund:

„Die Störung der akustischen Informationsverarbeitung hat zur Folge, dass ähnlich klingende Laute immer wieder verwechselt werden, was dazu führt, dass auch ähnlich klingende Wörter nicht ausreichend unterschieden werden können. Des Weiteren kann das Gedächtnis für akustische Inhalte beeinträchtigt sein, was zu einer Behinderung beim Diktatschreiben führt, weil das Vorgesprochene nicht ausreichend gespeichert werden kann." Die Beobachtungen der Klassenlehrerin treffen demnach für die Klassensituation durchaus zu. Sie sind aber als Folge der zentralen Fehlhörigkeit zu verstehen und nicht als Intelligenzmangel. In der Einzeluntersuchung bei der Sonderschullehrerin, d. h. in einem geräuscharmen Raum und bei direkter Ansprache konnte er die Aufgaben nicht nur verstehen, er zeigte auch Einsatzbereitschaft, ja Ehrgeiz.

Teilleistungsschwächen trotz intakter Sehleistung: Spezielle Sehbehinderungen bei Legasthenie

Immer, wenn uns ein Kind beim Lesen auffällig erscheint, die augenärztliche Untersuchung aber intaktes Sehen ergibt, besteht der Verdacht auf spezielle, zentrale Probleme der Verarbeitung in der Sehbahn zwischen Auge und Gehirn.

Ein solches Problem stellen die so genannten „erratischen" Augenbewegungen dar. Sie sind mit dem bloßen Auge nicht unbedingt beobachtbar, können aber mit Messeinrichtungen gut erfasst werden. Während das Kind liest, wird mit einer Infrarot-Methode gemessen, wie häufig, mit welcher Geschwindigkeit und in welche Richtung das Kind Blicksprünge macht. Normalerweise springt das Auge beim Lesen mehrmals in der Zeile gezielt von links nach rechts. Ein langer Blicksprung erfolgt dann vom Zeilenende nach vorn zur neuen Zeile. Bei einem relativ hohen Prozentsatz legasthenischer Kinder aber bewegen sich die Augen nicht in regelmäßigen Blicksprüngen nach rechts, sondern ganz unregelmäßig in unterschiedlich langen Blicksprüngen und in zufälliger Folge nach links oder rechts.

Dieses unruhige und ungesteuert erscheinende Verhalten der Augen ist seit langem bekannt. Ursprünglich haben die Forscher angenommen, dass die unregelmäßigen Augenbewegungen dazu dienen, bereits Gelesenes noch einmal zu überprüfen. Dann wären vor allem die nach links gerichteten Blicksprünge eine Folge der Leseschwäche. Dem widerspricht aber, dass auch ältere Kinder, die ihre Leseschwäche weitgehend kompensiert haben und bereits flüssig lesen, dennoch die gleichen erratischen Augenbewegungen zeigen.

Eine andere Annahme war, dass die unruhigen Augenbewegungen die Ursache der Legasthenie seien. Man müsse nur ruhige, nach rechts gerichtete Augenbewegungen einüben, um die Legasthenie zu beseitigen. Diese Annahme kann aber die Schwächen der Lautunterscheidung (auditiven Verarbeitung) nicht erklären, die bei vielen legasthenischen Kindern zugleich mit den unruhigen Augenbewegungen zu beobachten sind.

Heutige Forschungsergebnisse führen zu einer anderen Erklärung: Sowohl auf dem Verarbeitungsweg der Hörbahnen als auch auf dem der Sehbahnen gibt es eine Schaltstelle, in der rasch aufzunehmende, flüchtige Wahrnehmungen verarbeitet werden. Die Zellen dieser Schaltstellen arbeiten in beiden Bahnen weniger effektiv als bei nicht leseschwachen Kindern: Daher können legasthenische Menschen die nur kurz anklingenden Konsonanten (vor allem b-p, d-t, g-k) nicht gut unterscheiden.

In der Sehbahn werden in diesem Hirnbereich unter anderem die Blicksprünge gehemmt: während das Auge einen Punkt fixiert, ruht es normalerweise. Die Aufmerksamkeit bleibt ungestört auf das Blickziel gerichtet. Während dieser Zeit unterdrückt eine Hemmung vorzeitige Blicksprünge. Dadurch wird auch sichergestellt, dass der nachfolgende Blicksprung das „Bild" aus der Fixationszeit vor der Augenbewegung und das „Bild", das vom Auge nach dem Blicksprung aufgenommen wird, sauber trennt. Die beiden „Bilder" können nicht ineinander „verschmieren".

Für das Lesen bedeutet dies, dass vorzeitige und unregelmäßige Blicksprünge zwar nicht die Ursache der Legasthenie sind. Sie erschweren aber das ungestörte Lesen zusätzlich: In einem Versuch, bei dem legasthenische Kinder und Erwachsene einen Punkt fixieren und beim Auftauchen eines zweiten Punktes den Blick auf diesen richten sollten, beobachtete man Folgendes: „Häufig sind die Prozesse, die einen Blicksprung vorbereiten, sogar schon abgeschlossen, bevor das Blickziel erscheint. Solche Legastheniker scheinen eine dauernd erhöhte Bereitschaft zu haben, Blicksprünge durchzuführen.“ (Biscaldi/Otto 1996)

Da beide Auffälligkeiten im Hör- und im Sehbereich vor allem mit Störungen zeitlicher Verarbeitung zu tun haben, können sie Folge einer gemeinsamen, zugrunde liegenden Störung sein, die sich möglicherweise in mehreren Wahrnehmungsbereichen auswirkt.

Vor allem dank des „Jahrzehnts der Hirnforschung“ in den USA und dank der Entwicklung bildgebender Verfahren gibt es bis heute ein Fülle von Untersuchungen auch zu den Ursachen und den Erscheinungsbildern der Legasthenie. Alle Ergebnisse laufen darauf hinaus, dass die Annahme neurobiologischer Ursachen sich bestätigen lässt. Trotz der unterschiedlichen Erscheinungsbilder der Legasthenie ist demnach von einer Verursachung vor oder im zeitlichen Umkreis der Geburt auszugehen. Weder Eltern noch Schule müssen sich eine Schuld beimessen, wenn ein Kind schwer Lesen und Schreiben/Rechtschreiben lernt. Allerdings kommt es sehr darauf an, dass die Umwelt – und die Schule macht einen bedeutenden Anteil der Umwelt aus – das Erscheinungsbild möglichst noch im Verlauf des ersten Schuljahrs erkennt und mit spezifischen Hilfen und mit Verständnis darauf reagiert.

Ergebnisse der genetischen Forschung

Die genetische Forschung hat auf vier Chromosomen (6, 15, 16, 21) Gene gefunden, die mit der Legasthenie in Mehrgenerationenfamilien zusammenhängen. Dabei scheint es unterschiedliche Kombinationen von Genen in verschiedenen Familien zu geben, z. B. auf Chromosom 6 allein, 15 allein, 6 plus 15, 6 plus 15 plus 16. Diese unterschiedlichen Kombinationen scheinen die Unterschiedlichkeit der Erscheinungsbilder und der Schweregrade widerzuspiegeln.

Problematisch erscheint allerdings, in diesem Zusammenhang von einem „Gendefekt“ zu sprechen, da in den meisten Fällen mit der erblichen Legasthenie hohe mathematisch-naturwissenschaftliche Begabungen zusammenhängen. Man sollte eher, wie bei der Linkshändigkeit, von einer Normvariante menschlicher Begabungen sprechen, die immer dann nicht „negativ auffällig“ wird, wenn Schule und Gesellschaft sie akzeptieren. Die Gesellschaft würde sich einer Reihe von Hochbegabten berauben, wenn sie diese Akzeptanz weiterhin nicht aufbringt (vgl. das Beispiel 2, S.18ff).

Ergebnisse anatomischer Untersuchungen

Schon in den 80er-Jahren hatte Galaburda aus Boston, USA mit seiner Forschergruppe aufgrund anatomischer Befunde darauf hingewiesen, dass bereits vor der Geburt die Weichen für die spezielle Entwicklung im Legastheniker-Gehirn gestellt werden.

Galaburda und Mitarbeiter (1992, siehe Dummer 1986) untersuchten das „planum temporale", eine Hirnregion, die bei Rechtshändern und guten Lesern in 70 % der Fälle links größer ist als in der rechten Hirnhälfte. Sie fanden bei Legasthenikern nahezu umgekehrte Verhältnisse: In nur 10 % der Fälle war die normale Asymmetrie zugunsten der linken Hirnhälfte ausgeprägt. In etwa 90 % der Fälle war diese Region in beiden Hirnhälften symmetrisch ausgebildet oder in der rechten Hirnhälfte größer. Man kann nun darüber spekulieren, auf welche Weise diese Verhältnisse im Aufbau des Gehirns mit den sehr häufig mit der Legasthenie verbundenen mathematisch-naturwissenschaftlichen Begabungen zusammenhängen können.

In einer anderen Untersuchung von Galaburda und Mitarbeitern (1994) wurden die Zellstrukturen im „Kniehöcker" (corpus geniculatum mediale) bei legasthenen und nicht-legasthenen Gehirnen untersucht. In dieser Hirnstruktur werden akustische Informationen umgeschaltet, d. h. zwischen dem äußeren Gehör und der Weiterleitung in die Großhirnrinde. Im linken Kniehöcker wurde bei legasthenen Gehirnen eine Verminderung der Zahl großer Zellen und eine Erhöhung der Zahl kleiner Nervenzellen gefunden. Dieses Ergebnis steht im Einklang mit anderen Forschungsergebnissen zur zentralen Hör- und Sehverarbeitung, die mit elektrophysiologischen und psychophysischen Methoden gewonnen wurden.

Untersuchungen mit bildgebenden Verfahren

Bildgebende Verfahren sind verschiedene Untersuchungsmethoden, die zu farbigen Abbildungen des Gehirns führen, in denen man anhand der Farbabstufungen erkennen kann, welche Bereiche des Gehirns stärker aktiviert werden, also stärker verarbeiten z. B. bei Aufgabenstellungen, die mit Lauten, Buchstaben, Lesen und Rechtschreiben zu tun haben. Auf diese Weise kann man erkennen, wo es Unterschiede in der Hirntätigkeit zwischen legasthenen und normal lesenden Personen gibt.

Nach einer Untersuchung von Larsen und Mitarbeitern (1990) besteht ein Zusammenhang zwischen dem Ausmaß der Veränderung des planum temporale, der Gehirnregion, die auch Galaburda untersucht hat (1992 s. o.), im Vergleich zu guten Lesern und dem Grad der Störung der phonologischen Bewusstheit, einer der wichtigsten Voraussetzungen für das Lesenlernen.

Hynd und Mitarbeiter (1990) fanden, dass eine kleine Hirnregion, die „Insel“, die den Informationsaustausch zwischen den Sprachregionen im vorderen und hinteren Bereich der Zentralfurche vermittelt, bei leseschwachen Kindern in beiden Hirnhälften signifikant kleiner ausgebildet war, als bei Kontrollkindern.

Paulesu und Mitarbeiter (1996) stellten den Kindern Reim-Erkennungsaufgaben und Aufgaben zur auditiven Merkfähigkeit während der Untersuchung mit einem bildgebenden Verfahren. Sie fanden, dass eine Aktivierung der „Insel“ bei legasthenen Kindern ausblieb. Darüber hinaus arbeiteten zwei Hirnregionen, die normalerweise beim Lesen gleichzeitig aktiviert sind (die Broca-Region und der Gyrus angularis), bei legasthenen Kindern unabhängig voneinander. Die Wissenschaftler vermuten, dass die normale Vernetzung der am Lesen beteiligten Hirnareale im Falle der Legasthenie unterbunden ist.

Gleichfalls mit einem bildgebenden Verfahren untersuchten Rumsey und Mitarbeiter (1997), während die Kinder laut lasen, die Hirnregion, die auch Galaburda und Mitarbeiter (1992, s. o.) schon untersucht hatten (das planum temporale). Die Wissenschaftler fanden bei Lese-rechtschreibschwachen eine abnorm niedrige Aktivierung dieser Hirnregion während des lauten Lesens.

Shaywitz und Mitarbeiter (1998) gaben ihren Versuchspersonen (29 leseschwache Erwachsene und 32 nicht-legasthene Leser) während der Untersuchung Entscheidungsaufgaben mit steigendem Schwierigkeitsgrad der phonologischen (lautlichen) Verarbeitung. Es zeigte sich, dass das Muster der Hirnaktivierungen bei den schwachen Lesern deutlich begrenzter als bei normal lesenden Erwachsenen war. Und zwar erwiesen sich die Hirnareale, in denen visuell aufgenommene grafische Information in lautliche Strukturen übersetzt werden (Gyrus angularis und Wernicke), als deutlich weniger aktiviert im Vergleich mit den guten Lesern. Dagegen war die Region, die mit Sprache und Artikulationsmotorik zu tun hat (Broca), stärker aktiviert. Aus diesen Ergebnissen schließen die Forscher, dass bei einer Legasthenie bereits im Leselernprozess die Überaktivierung in der „motorischen Sprachregion“ eine kompensatorische Reaktion darstellt, weil offenbar bei Legasthenikern die Verbindung zu den anderen, normalerweise am Lesen und Schreiben beteiligten Hirnarealen nicht genutzt bzw. nicht aufgebaut werden kann.

Der Komplex der auditiven Verarbeitungsschwäche

Eine Reihe von Ergebnissen aus Untersuchungen, die sich mit der zeitlichen Verarbeitung im auditiven Wahrnehmungskanal befasst haben, lassen sich zurzeit so zusammenfassen: Der Theorie zufolge hängen Sprache, Lautwahrnehmung und die zeitliche Verarbeitung dieser Wahrnehmung eng zusammen. Bei Kindern mit Sprachentwicklungsverzögerungen und bei einer relativ großen Anzahl legasthener Kinder ist diese Verarbeitung deutlich verlangsamt. Das bedeutet, dass sie die nur kurz anklingenden Konsonanten, die so genannten Stopp-Konsonanten (b–p, d–t, g–k) in der kurzen Zeit, die sie anklingen, nicht erkennen und nicht unterscheiden können. Ebenso ist für sie bei Konsonantverbindungen wie ‚BR, KL, TR' nicht entscheidbar, in welcher Reihenfolge die beiden Laute erklungen sind. Oft kommt es daher gerade in diesen Fällen zu Umstellungen der Reihenfolge oder zu Auslassungen des zweiten Konsonanten beim Schreiben.

Mit der Verlangsamung der Verarbeitung im Arbeitsspeicher lässt sich auch erklären, warum viele legasthene Kinder Schwierigkeiten beim Kopfrechnen haben: Der Vorgang des Rechnens läuft im Arbeitsspeicher verlangsamt ab. Zwischenergebnisse, die man sich merken muss, um wieder darauf zurückgreifen zu können, fallen gewissermaßen aus dem Speicher heraus und das Rechenergebnis wird entweder überhaupt nicht gefunden oder es ist fehlerhaft.

Was sagen uns die heute vorliegenden Forschungsergebnisse für das Problemverständnis?

Lesen- und Schreibenlernen sind Leistungen, die normalerweise durch die Vernetzung einer Reihe von Hirnarealen aufgebaut wird. Hinweise auf Teilleistungsschwächen bzw. Funktionsdefizite finden sich übereinstimmend in den zitierten Untersuchungen für eine Reihe von Hirnregionen, die mit Sprache, Sprachwahrnehmung und Umschaltprozessen zwischen äußerer Aufnahme und zentraler Wahrnehmungsverarbeitung zu tun haben. Da es zudem deutliche Hinweise auf genetische Ursachen gibt, zumindest bei familiär auftretender Legasthenie, sind aus diesen Ergebnissen mindestens drei Aussagen als gesichert abzuleiten:

- *Legasthene Schwächen haben neuropsychologische Ursachen.* Diese Ursachen sind selbst bei erwachsenen Legasthenikern, die relativ gut lesen und schreiben gelernt haben, immer noch nachweisbar.
- *Die neurobiologischen Ursachen bestehen bereits bei der Geburt.*

Milieubedingungen, d. h. Einflüsse aus Elternhaus und Schule wirken sich erst in zweiter Linie aus. Sie entscheiden vor allem darüber, ob das Kind trotz seiner Schwächen den Mut zum Lernen behält oder verliert.

- *Die vorgeburtlich angelegten Ursachen sind nicht behebbar.* Es ist nicht möglich, die später in Erscheinung tretenden Teilleistungsschwächen zu verhindern. Durch angemessene Übungsmethoden aber kann man den Kindern helfen, ihre Schwächen – vor allem im Lesen und Schreiben – mehr und mehr zu kompensieren.

Professor Galaburda, namhafter Legasthenieforscher aus den USA hat auf die Frage, ob man denn im Gehirn eines legasthenischen Kindes operativ etwas ändern könne, geantwortet, erstens sei dies nicht möglich und zweitens sei es viel vernünftiger, die Anforderungen der Gesellschaft so zu ändern, dass von Legasthenie betroffene Kinder in den Schulen nicht scheitern müssen.

Teilleistungsschwächen – beheben oder kompensieren?

Früher hat man in der Legasthenie-Therapie versucht, die damals als „Funktionsschwächen" bezeichneten Teilleistungsschwächen durch bestimmte Übungen zu bessern oder zu beheben. Inzwischen neigen Legasthenie-Fachleute dazu, diese Übungen eher in spielerischer Form zur Auflockerung und zunächst im Bereich der Stärken des Kindes einzusetzen. Man nimmt an, dass es besser sei, dem Kind dadurch Erfolgserfahrungen zu ermöglichen, als es im Training mit seinen Schwächen zu plagen.

Nachdem das legasthenische Kind lesen gelernt hat, scheint ihm ein möglichst breites Angebot an „Eselsbrücken" und anderen Merkhilfen eher zur Aneignung der Rechtschreibung zu verhelfen, als Funktionsübungen, die ja nicht auf Lesen und Schreiben bezogen sind.

Beobachtungen an erwachsenen Legasthenikern lassen nämlich vermuten, dass die Schwächen im Schulalter nicht mehr voll ausgeglichen werden können. Die Kinder haben über 6 und 7 Lebensjahre im Alltag mit ihren Teilleistungsschwächen gelebt und gelernt, damit zurechtzukommen. Ebenso werden sie allmählich lernen, so nimmt man an, auch im Leselernprozess und beim Aufbau der Rechtschreibung zu kompensieren.

Ein jugendlicher Legastheniker wurde gefragt, ob er denn nun höre, ob „Durst" mit „o" oder „u" geschrieben werde. Er antwortete erstaunt: „Nein, hören kann ich das nicht. Jetzt weiß ich es!" Auch Reihenfolgefehler kommen bei erwachsenen Legasthenikern beim Lesen, seltener beim Schreiben immer wieder einmal vor. So schrieb ein 30-jähriger Doktorand in einem Brief, der sonst kaum Rechtschreibfehler enthielt, das Wort „zwei" als „zeiw".

Vorsorgeuntersuchungen nutzen!

Im Vorschulalter haben andererseits Übungen zur Verminderung der Teilleistungsschwächen noch gute Aussicht auf Erfolg. Mütter sollten daher die Vorsorgeuntersuchungen unbedingt wahrnehmen und ihr Kind im Zweifelsfall einer Kinderklinik zur entwicklungsneurologischen Untersuchung vorstellen. Insbesondere bei Verzögerungen in der Sprachentwicklung (Stammelfehler) und in der motorischen Entwicklung (z. B. Ungeschicklichkeit bei der Zusammenarbeit von Auge und Hand oder zwischen Auge und Körperkoordination, z. B. bei häufigem Stolpern) gibt es durch Übungen im Vorschulalter noch gute Hilfen. Kinderärzte können solche Übungsbehandlungen verordnen.

IV. Hilfe zur Selbsthilfe

Von Presseleuten und in Verhandlungen mit Kultusministerien werden regelmäßig zwei Fragen gestellt: „Wie viele Legastheniker gibt es?“ und „Kann Legasthenie geheilt werden?“

Die erste Frage lässt sich mit neuen Untersuchungsergebnissen (aus Marburg und Wien) beantworten: Etwa 4–7 % legasthenischer Kinder werden in Grundschulen gefunden. Die Zahl lässt sich nicht genau bestimmen, weil bei positiver Einstellung der Schule zum Kind, wenn man schon im Vorschulalter speziell fördert und im Erstleseunterricht rechtzeitig richtig hilft, leichtere Fälle später nicht mehr auffallen. Unter ungünstigen schulischen Bedingungen können die 7 % sogar überschritten werden.

Umso wichtiger erscheint es uns, Eltern Hilfen an die Hand zu geben, damit sie ungünstige schulische Bedingungen ausgleichen können.

Keine Angst vor dem Begriff „Behinderung“

Zur Beantwortung der zweiten Frage ist es nötig, den Unterschied zwischen einer Erkrankung und einer Behinderung richtig zu verstehen. Es gibt viele Krankheiten, die zur völligen Heilung führen. Andere Krankheiten, wie z. B. die Kinderlähmung, können zu einer bleibenden Behinderung führen. Andere Behinderungen bestehen praktisch von der Geburt an, auch, wenn sie zunächst unsichtbar bleiben, wie z. B. die Rot-Grünblindheit oder Kurzsichtigkeit.

Die Legasthenie ist, wie Kurzsichtigkeit oder Schwerhörigkeit, als minimale und unsichtbare Behinderung aufzufassen. Manche Eltern erschrecken vor diesem Begriff, weil sie damit nur Körperbehinderungen oder geistige Behinderung verbinden. In Wirklichkeit benutzt man diese Bezeichnung aber auch für ganz geringfügige Schwächen, die im Kind liegen und nicht etwa durch Erziehungsfehler der Eltern entstanden sind.

Solche Behinderungen bleiben bis in das Erwachsenenalter erhalten, weil sie an den Organismus gebunden sind. Ihre Auswirkungen aber können gemildert werden, manchmal bis zur Unauffälligkeit im Jugend- und Erwachsenenalter. Dieser Grad der Besserung aber wird eher durch frühe Diagnose und Förderung erreicht, selten jedoch, wenn man die Behinderung erst spät erkennt.

Das Verständnis der Legasthenie als Variante menschlicher Begabungen analog zur Linkshändigkeit wird durch die Überlegungen zum Behinderungscharakter von Teilleistungsschwächen keineswegs in Frage gestellt. So haben viele Sprachbegabte kein räumliches Vorstellungsvermögen. Das behindert sie allerdings in der Schule nicht und wird ihnen als „Behinderung" daher nicht bewusst. Und wenn man die Linkshändigkeit eines Kindes in der Schule nicht respektiert, kann die erzwungene Umstellung auf die Arbeit mit der rechten Hand sich als massive Behinderung auswirken!

Frühe Hilfe führt zu deutlichsten Erfolgen

Bei jeder Art von Behinderung sind die Chancen zur Besserung umso größer, je früher mit einer angemessenen Förderung begonnen wird. Vielleicht werden eines Tages schwere Ausprägungsgrade von Legasthenie in den Schulen nur noch selten vorkommen, sofern nämlich bereits innerhalb des ersten Schuljahres eine intensive und auf die individuellen Schwächen abgestimmte Förderung einsetzt. Bis dahin aber scheint der Weg noch sehr weit zu sein.

Daher können wir vorerst nur von Schritten zur Überwindung der Schwächen sprechen, die Lehrer (hiermit sind in diesem Buch stets weibliche und männliche Lehrkräfte gemeint), Eltern und Kind als gleichberechtigte Partner miteinander gehen müssen. Neben den schulischen Hilfen wird für lange Zeit noch die Selbsthilfe von Eltern und außerschulischen Helfern notwendig sein.

1. *Früherfassung in der Schule*

In nahezu allen Richtlinien der Bundesländer für die Arbeit in Grundschulen, insbesondere für den Anfangsunterricht, findet sich die Anweisung, besondere Aufmerksamkeit auf die Lernvoraussetzungen der Kinder zu richten, sie in ihrem Lernverhalten zu beobachten und auf schwächere Lernvoraussetzungen mit entsprechenden Hilfen einzugehen.

Das klingt sehr schön, bleibt aber leeres Wortgeklingel, solange Lehrer in ihrer Ausbildung über die Leselernvoraussetzungen der Kinder wenig oder nichts erfahren und, solange sie den Leselernprozess des einzelnen Kindes nicht durch eine begleitende Diagnostik mehrfach überprüfen.

Sicher gibt es Lehrer, die ihre Erstklässler nicht nur geübte Texte vorlesen lassen, sondern ihnen auch unbekannte Sätze zum Erlesen vorlegen. Wenn dies in der Einzelsituation geschieht, d. h. auch, ohne dass andere

Kinder zuhören können, werden diese Lehrer das Ausmaß und die Art des Versagens bei einzelnen Kindern zuverlässig feststellen können.

Es gibt aber legasthenische Schüler, die im Klassenunterricht nicht auffallen, weil sie durchweg „gute Schüler" zu sein scheinen. Diese Kinder wird man in der Regel nicht einzeln überprüfen. Daher sollten die Schulen schon um die Mitte des ersten Schuljahrs und noch einmal am Ende der ersten Klasse so genannte Grobsiebverfahren einsetzen, um von allen Kindern den Leistungsstand zu erheben. Dann werden die Lehrkräfte unter Umständen schon zu diesem frühen Zeitpunkt auf drei Gruppen von Kindern mit Leselernproblemen stoßen: auf Leseschwache, die auch sonst Schwächen zeigen (langsame Lerner oder Minderbegabte), auf andere, deren Unvermögen hauptsächlich durch Übungsmangel verursacht erscheint und auf die „Diskrepanzgruppe", nämlich „gute Schüler" mit „unerklärlichem" Versagen im Leselernprozess. Lehrkräfte sollten allerdings darin geschult sein, zwischen Anzeichen für Minderbegabung, für Übungsmangel und für ausgeprägte Leselern*behinderungen* zu unterscheiden.

Dies wird ihnen kaum möglich sein, wenn sie gelernt haben „Legasthenie gibt es nicht". Für unsichtbare Behinderungen wie die Legasthenie gilt in besonderem Maße, dass man lernen muss, Anzeichen zu erkennen und richtig zu deuten. Daher sollte der Sachverhalt möglichst schon in der Lehrerausbildung anschaulich vor Augen gestellt werden.

Die „Diagnostische Bilderliste"

Um Lehrern unabhängig von ihrer Ausbildung und vom Leselehrgang, nach dem sie unterrichten, ein Instrument der frühen Förderdiagnose an die Hand zu geben, wurden im Psychologischen Seminar der Pädagogischen Hochschule Kiel zwei „Diagnostische Bilderlisten" (DBL) entwickelt (Dummer-Smoch 1993). Die Frühform (DBL-F) wird unmittelbar nach der ersten Hälfte des ersten Schuljahres eingesetzt. Sie prüft mit 14 Wörtern, die lautgetreues Schreiben erfordern, ob ein Kind die Lautfolge des gesprochenen Wortes in die entsprechende Buchstabenfolge umsetzen kann. Wer z. B. „Raupe" schreiben kann, wird in der Regel auch in der Lage sein, dieses Wort zu erlesen.

So stellen die Diagnostischen Bilderlisten nur Grobsiebverfahren dar. Führt man sie mit der ganzen Klasse durch, wird man auch auf Kinder stoßen, deren Schwierigkeiten im Unterricht vorher noch nicht aufgefallen sind. Bei allen Kindern mit schwachen Leistungen in der DBL können dann weitere, genauere Überprüfungen vorgenommen werden, um den jeweils erforderlichen Förderansatz zu finden.

Am Ende des 1. Schuljahres überprüft man mit einer Bilderliste von 24

Wörtern. Kinder mit erheblichen Leselernproblemen fallen bei dieser Untersuchung erneut auf. Ungeachtet der besonderen Schwächen im Einzelfall, die in weiteren Untersuchungen erfasst werden müssten, wissen Lehrer dann, dass diese auffälligen Schüler einen Neuanfang im Lesen brauchen.

In nahezu allen Bundesländern treten alle Kinder aus der ersten in die zweite Klasse über. Bis zur Mitte der zweiten Klasse entscheidet sich dann, ob ein leseschwaches Kind den Leselehrgang noch einmal wiederholen muss. In diesem Fall soll es – so die Regelungen – in die neue erste Klasse zurücktreten.

Wenn ein Neuanfang im Lesen durch spezielle Förderung in der ersten Hälfte der zweiten Klasse erfolgreich verläuft, brauchen diese Kinder in der Regel die erste Klasse nicht zu wiederholen. Andererseits würde die Wiederholung der ersten Klasse allein, d. h. ohne eine solche spezielle, auf die Schwächen des Kindes ausgerichtete Förderung, in vielen Fällen nicht zum Leselernerfolg führen. Das ist durch vielfache Erfahrungen belegt.

2. Die Bedeutung einer frühen, vollständigen Diagnose

Die eigentliche Diagnose der Legasthenie geht über die Feststellung des Leselernversagens mit der DBL hinaus. Von einer vollständigen Diagnose erwartet man vor allem Aufklärung über Stärken und Schwächen des Kindes und für einen individuellen Förderansatz.

Im Bereich der Schwächen werden Eltern und Lehrer ihre Erwartungen an die Leistungen des Kindes vermindern. Das kann sehr zur Entspannung der Gefühlslage zwischen allen Beteiligten beitragen. Das Kind fühlt sich verstanden und von früheren Vorwürfen („du übst nicht genug!") befreit. In der Förderung werden Lehrer sich vor allem an den Stärken orientieren und dadurch Erfolge vermitteln, dem Kind aber auch helfen, eigene Wege zur Kompensation seiner Schwächen zu finden.

Ermutigung des Kindes

Eine mindestens ebenso wichtige Funktion aber für Selbstwertgefühl und Ermutigung des legasthenischen Kindes hat die vollständige Diagnose, einschließlich der Intelligenzuntersuchung. Man kann ihm auf kindgemäße Weise erklären, dass seine Schwierigkeiten nur in einem bestimmten, umgrenzten Bereich liegen und nichts mit Dummheit zu tun haben.

Wir erleben häufig, welche befreiende Wirkung diese Information haben kann! Die Überzeugung „Ich bin nicht dumm“ ermöglicht dem Legastheniker, sich mit seinem besonderen Problem konstruktiv auseinander zu setzen und sich selbst anzunehmen – mit seinen Stärken und Schwächen!

Nicht zuletzt hat die Diagnose ganz wesentliche Bedeutung für die angemessene Einschätzung der allgemeinen Lernmöglichkeiten des Legasthenikers durch Eltern und Lehrer, aber auch für seine Selbsteinschätzung. Zwar wird man heute Leselernschwierigkeiten nicht mehr ohne weiteres mit schwacher Begabung gleichsetzen. Aber ein mutlos gewordenes Kind, das sich selbst nichts mehr zutraut, kann „dumm“ erscheinen. Daher darf auf eine Intelligenzuntersuchung nicht verzichtet werden.

Aussagekraft haben erst mehrere Intelligenztests

Wegen der Schwächen des Kindes aber, die in die Gesamtleistung eines solchen Tests eingehen können, reicht die Durchführung eines einzigen Intelligenztests nicht aus. Da die Tests unterschiedliche Bereiche der Intelligenz messen, könnte der eine Test im Einzelfall überwiegend die Schwächen erfassen, auf denen die Legasthenie beruht. Erst aus mehreren Tests ergibt sich ein ausgewogenes Bild von den Stärken und Schwächen der intellektuellen Leistungsfähigkeit.

Um andererseits mehr über die speziellen, individuellen Teilleistungsschwächen des Kindes zu erfahren, sind zusätzlich zu den Intelligenztests Verfahren einzusetzen, die Wahrnehmungsleistungen und vor allem das Zusammenspiel von Wahrnehmungen, Motorik/Feinmotorik und Sprache prüfen.

Eine solche umfassende Diagnose ist in der Regel Sache eines Diplompsychologen, Schulpsychologen oder Kinderpsychiaters. Grundschul- oder Deutschlehrer sind für solche Verfahren, insbesondere für die Intelligenztests, nicht ausgebildet. Beratungslehrer (in Baden-Württemberg) und Schuljugendberater (in Bayern), sowie eine Reihe von Sonderschullehrern stellen in dieser Hinsicht Ausnahmen dar.

Diagnostische Möglichkeiten der Schule: die Grobdiagnose

Die testdiagnostischen Möglichkeiten der Schulen sind begrenzt. Man kann hier nur Grobdiagnosen erwarten, zumal *Schul*intelligenztests die intellektuellen Lernvoraussetzungen der Kinder nur ausschnittsweise und nicht ausreichend sicher erfassen.

Dennoch sollten die Möglichkeiten der Grobdiagnose genutzt werden, vor allem in der so genannten Förderdiagnostik. Dazu dienen vor allem

Lese- und Rechtschreibtests. Zusätzlich zur Bestimmung der Gesamtleistung müssen dann Fehleranalysen durchgeführt werden, die aufzeigen können, wo das Kind in der Förderung „abgeholt" werden muss. Es hat wenig Sinn, mit Legasthenikern z. B. die Probleme der Dehnung und Dopplung oder der Groß- und Kleinschreibung zu bearbeiten, solange sie lauttreue Wörter wie „Hose" oder „Regen" noch unvollständig schreiben.

Ebenso, wie am Ende der ersten Klasse die Diagnostische Bilderliste einzusetzen ist, sollten auch am Ende der zweiten, dritten und vierten Klasse mit allen Kindern Rechtschreibtests durchgeführt werden. Wenn entsprechend geschulte Lehrer zur Verfügung stehen, können in die Grobdiagnose auch Schulintelligenztests einbezogen werden. Mit beiden Testergebnissen sind dann schon früh Schüler zu erkennen, deren Intelligenztestwerte deutlich über den Rechtschreibleistungen liegen.

Diese „Diskrepanzgruppe", die wir meinen, wenn wir von Legasthenie sprechen, wird durch solche Grobdiagnosen zwar nicht vollständig erfasst, doch ist es besser, wenigstens einen Teil als gar kein Kind dieser Gruppe früh zu erkennen. Wenn Eltern bei ihren Kindern Probleme beobachten, die von der Schule in der Grobdiagnose nicht erfasst werden, sollten sie stets eine vollständige Diagnose bei einem Kinderpsychologen oder Kinderneurologen suchen.

Exkurs: Intelligenzdiagnose mit dem Culture Fair Intelligence Test CFT 20

In Schleswig-Holstein führen Grundschullehrer nach einer Kurzausbildung einen Intelligenztest in 4. Klassen durch, der zwar nicht Lesen und Schreiben voraussetzt, aber hohe Anforderungen an die visuelle Detailerfassung stellt, den CFT 20. Nach der Intelligenztheorie, die diesem Test zugrunde liegt, wird die Testleistung bestimmt „durch das Ausmaß der kortikalen neurologischen Entwicklung des Individuums" (Weiß, Testhandbuch zum CFT 20, S.31). Das bedeutet, dass Störungen im neurophysiologischen Bereich die Testleistung herabsetzen. Dies ist belegt für Personen mit Hirnverletzungen. Es kann z. Z. nur vermutet werden, dass auch feinneurologische Beeinträchtigungen bzw. bestimmte Teilleistungsschwächen, das Testergebnis drücken. Anders ist kaum zu erklären, dass manche legasthenische Kinder mit insgesamt befriedigenden Schulnoten in diesem Test Intelligenzquotienten nahe dem Bereich der allgemeinen Lernbehinderung erreichen.

Nach meinen Erfahrungen ist die Intelligenzuntersuchung mit dem CFT als Grobdiagnose brauchbar. Viele legasthenische Kinder erzielen einen angemessenen IQ, sofern sie nämlich keine gravierende Teilleistungsschwäche beim Erkennen visueller Details haben und sofern ihr Arbeits- und Verarbeitungstempo nicht deutlich verlangsamt ist. Zu niedrige Werte, im Vergleich mit den Schulleistungen bzw. mit anderen Intelligenztests, kommen vorwiegend in drei Fällen vor:

Wenn ein Kind genau die Teilleistungsschwächen hat, die das Erkennen und Beachten visueller Details erheblich erschweren, dann misst dieser Test diese Teilleistungsschwächen und nicht die Denkleistungen des Kindes. Als Faustregel sollte man sich merken: Schulleistungen mit befriedigenden und guten Noten widersprechen einem Intelligenztestergebnis unter IQ 100!

Der zweite Fall betrifft vor allem Kinder, die im Rahmen ihrer Teilleistungsschwächen ein deutlich verlangsamtes Arbeitstempo zeigen. Häufig ist dies bei einer Vorgeschichte von schweren Geburtsrisiken der Fall, die zu einer verzögerten neurobiologischen Entwicklung geführt haben. Diese Kinder leiden eher unter äußeren Störungen als andere und sie schaffen es nicht, die Testaufgaben in der vorgegebenen Zeit zu lösen. Aus diesem Grund bleibt der IQ unter dem Niveau ihrer intellektuellen Leistungsfähigkeit. Lässt man sie ohne Zeitbegrenzung in einem ruhigen Raum arbeiten, kann das Ergebnis schon wesentlich besser ausfallen. Mehr Aufschluss aber gibt die Nachtestung mit einem anderen Verfahren.

Der dritte Fall ist dann gegeben, wenn ein Kind im ersten Testteil des CFT einen sehr niedrigen Wert erreicht – in der Regel durch hohe Prüfungsängstlichkeit verursacht – und im zweiten einen sehr hohen. Beispielsweise erzielte ein Mädchen, das ohne Wiederholung eines Schuljahrs bis in die 4. Klasse gelangt war, mit einer eindeutigen Vorgeschichte von Lese-Rechtschreibschwäche, im ersten Testteil einen IQ von 89. Dieser Wert ist zwar noch durchschnittlich. Er liegt aber sehr weit unter dem Ergebnis des zweiten Testteils, nämlich einem IQ von 120! Nach den Anweisungen im Handbuch des CFT 20 ist in einem solchen Fall der zweite Punktwert ausschlaggebend für die Bestimmung des IQ (Weiß, CFT-Handbuch, S. 34). Da die unzureichend ausgebildete Testlehrerin dies offenbar nicht wusste, scheiterte die Anerkennung der Legasthenie an dem aus beiden Testteilen gebildeten Gesamt-IQ von „nur“ 105!

Für Eltern und testende Lehrkräfte bleibt festzuhalten: Zu niedrige IQ-Werte ergeben sich

- bei Kindern mit schweren Geburtsrisiken, deren Verarbeitungstempo in der Regel verlangsamt ist,
- bei Kindern mit Teilleistungsschwächen der visuellen Detailerfassung, die auch bei der Nachuntersuchung mit anderen Tests nachweisbar ist, und

- bei Kindern, die mit erhöhter psychischer Spannung auf Prüfungssituationen reagieren.

Alle drei Ursachen können als neuropsychologische Faktoren gelten, die die Testleistung beeinträchtigen.

3. Unser wichtigster Helfer: das Kind!

Weder die Eltern, noch die Lehrer, noch die Diagnostiker können wissen, wie ein legasthenisches Kind lernt, auf welche Weise es seine Schwächen kompensieren kann, wann es eine Pause braucht. Eltern, Lehrer und Diagnostiker aber können und müssen das Kind zur Zusammenarbeit gewinnen. Nur dann kann es ihnen sagen, was ihm schwer fällt, wie es versucht, sich selbst zu helfen und wo es ratlos ist. Dies alles aber ist nur in einer Atmosphäre der Gleichberechtigung, des verstehenden und angstfreien Umgangs miteinander möglich.

Es kostet wenig Mühe, zu erkennen, wie hart diese Kinder arbeiten, solange sie noch nicht den Mut verloren haben. Und es ist nicht schwer, ihnen den Mut zu erhalten, wenn man ihnen vermittelt, dass sie ernst genommen werden und man ihre Anstrengung erkennt und anerkennt. Nur ein selbstbewusstes, ermutigtes Kind gewinnt die Kraft, eigene Lösungen zu suchen und Wege zu finden, seine Schwächen zu kompensieren.

Voraussetzung dafür ist allerdings die Diagnose und ein offenes Gespräch darüber mit ihm selbst. „Wir wissen jetzt ganz sicher, dass du nicht dumm bist“, dieser Satz öffnet dem Kind häufig wie ein Schlüssel einen neuen Weg zum Lernen: ohne Selbstzweifel, ohne Selbstvorwürfe, ohne Ängste, Es kann sich nun erlauben, über seine Schwierigkeiten zu sprechen, über seine Versuche, sich selbst zu helfen.

Warum gerade ich?

Immer stellt sich dann die Frage „Warum ist das so mit mir?“. Daher sollte noch vor der eigentlichen Förderung im Lesen und Schreiben die Auseinandersetzung des Kindes mit seinem Anderssein stehen. Hier müssen die Eltern Hilfestellung leisten. Und für viele Eltern stellt es eine wirkliche Leistung dar, selbst eine so minimale Behinderung wie die Legasthenie zu akzeptieren.

Man kann zu dem Kind davon sprechen, dass viele Menschen behindert sind, ohne dass man etwas davon sieht: Der Zuckerkranke, der Herzkranke, der Schwerhörige. Sie leiden unter körperlichen Beeinträchtigungen, die ihnen Grenzen setzen und ihr Leben bestimmen. Auch der Kurz- oder Weitsichtige ist behindert. Nur lässt sich eine solche Behinderung durch eine Brille ausgleichen.

Jeder Mensch muss in seinem Leben früher oder später mit einer Behinderung leben, z. B. nach einem Beinbruch oder im Alter. Und derjenige kommt am besten zurecht, der seine Behinderung als Herausforderung betrachtet. Kinder sind durchaus aufgeschlossen für die Vorstellung, wie ein Olympia-Sportler zu trainieren, um zu sehen „wie weit ich trotz meiner Legasthenie komme".

Auf Stärken der Begabung hinweisen

Andererseits kann man auch schon junge Kinder darauf hinweisen, dass eine Legasthenie im Allgemeinen auch mit besonderen Begabungen verbunden ist: Michael Holzach hat Bücher geschrieben. Eine ganze Reihe von Nobelpreisträgern und mancher Professor war Legastheniker. Edison z. B., der große Erfinder, gehört auch in diesen Kreis.

Es wird meist gelingen, mit dem Kind gemeinsam herauszufinden, was es besonders gut kann. Kinder mit minimalen cerebralen Dysfunktionen (eine Entwicklungsverzögerung verschiedener Wahrnehmungsbereiche, meist infolge von Geburtsrisiken) haben es manchmal schwerer, ihre Stärken zu erkennen, als Kinder, die „nur" eine Legasthenie haben, und die sich oft schon im Vor- und Einschulungsalter als Bastler, kleine Baumeister und „Erfinder" hervortun.

4. Selbsthilfe durch Eltern

Der Bundesverband Legasthenie – ein Eltern-Selbsthilfe-Verband – hat sich in erster Linie zur Aufgabe gestellt, Eltern zu informieren, ihnen Mut zu machen und ihnen zu zeigen, wie sie mit ihren Kindern üben können. Diesen Zielen dienen nicht nur die schriftlichen Informationen, die der Bundesverband herausgibt, sondern vor allem auch Elterngesprächskreise, die an vielen Orten entstanden sind. Oftmals kommen Mütter in diese Gesprächskreise, die zunächst einmal ihr Herz ausschütten und sich aussprechen möchten. Oder sie suchen Rat für den Umgang mit der Schule. Vor allem in den Bundesländern, die in ihren Erlassen nur auf die Förderung während der Grundschulzeit abzielen und daher für die Probleme legasthenischer Kinder in weiterführenden Schulen keine Regelungen haben, ist es für Eltern oft besonders schwer, das Gespräch mit der Schule zu suchen und aufrecht zu erhalten.

Fördern – aber richtig!

Hier soll nicht die Auffassung unterstützt werden, Eltern, vor allem Mütter, müssten als „Hilfslehrer der Nation“ tätig werden. Grundsätzlich ist die Schule gefordert, und nicht die Mütter.

Angesichts der unzulänglichen Ausrüstung der Schulen, den Problemen legasthenischer Kinder angemessen und sachgerecht zu begegnen, erscheint es dennoch notwendig, den Eltern Hilfestellung zu geben, damit sie nicht falsch und erfolglos üben und gemeinsam mit dem Kind verzweifeln. Außerdem soll ihnen für eine Reihe von Grundsätzen gewissermaßen der Rücken gestärkt werden:

- Diktatüben hilft dem Kind nicht!
- Einfaches Abschreiben hilft ihm auch nicht!
- Übungen, die mehr als eine Viertelstunde in Anspruch nehmen, bringen keinen Erfolg!
- Nur Erfolge beim Üben erhalten Konzentrationsfähigkeit und Übungsbereitschaft!
- Im Spiel bleibt die Spannkraft länger erhalten!
- Das Kind darf keinen Arbeitstag haben, der den Acht-Stundentag von Erwachsenen übersteigt!

Zusätzliche Übungen neben den Hausaufgaben dürfen 15 Minuten täglich nicht überschreiten. Die Spannkraft des Kindes lässt nach 15–20 Minuten intensiven Übens so sehr nach, dass es nichts mehr aufnehmen kann und dadurch unkonzentriert erscheint. Allzuleicht wird es dann getadelt, obwohl es vorher sein Bestes gegeben hat. Das empfindet es verständlicherweise als ungerecht, und schon hat man eine gefühlsmäßige Abneigung gegen das Üben aufgebaut! Hausaufgaben stellen in diesem Zusammenhang ein besonderes Kapitel dar, auf das wir noch zurückkommen.

Schwerpunkte der außerschulischen oder häuslichen Förderung

Grundsätzlich müssen drei Förderzeiträume unterschieden werden:

1. Die ersten beiden Schuljahre mit dem Schwerpunkt: Lesenlernen,
2. Die Klassenstufen 2 u. 3 mit dem Schwerpunkt: Rechtschreibung,
3. Klasse 5 bis Ende der Schulzeit mit dem Schwerpunkt: Individuelle Lernwege und Arbeitsweisen für Hausaufgaben und Klassenarbeiten finden.

Anfangs muss natürlich alles getan werden, damit das Kind *spätestens im zweiten Schulbesuchsjahr* lesen lernt. Man wird die Leseübungen zwar mit Schreibübungen verbinden, aber auf orthographisch richtiges Schreiben noch kein Gewicht legen. Lautgetreue Schreibungen gelten als erstes Ziel der Rechtschreibförderung, weil die Zuordnung jedes Lautes im gesprochenen Wort zu dem entsprechenden Buchstaben und der umgekehrte Vorgang gesichert werden müssen, bevor man sich der so genannten „Andersschreibung" in der Rechtschreibübung zuwenden kann.

Sobald ein legasthenisches Kind einigermaßen sicher lesen kann, ist es möglich, sich der Rechtschreibung schwerpunktmäßig zuzuwenden. Wie dies geschehen kann, ist nachfolgend ausführlich beschrieben. Unser Ziel sollte sein, bis zum Ende der Grundschulzeit so viel Sicherheit in der Rechtschreibung zu schaffen, wie nur möglich.

In weiterführenden Schulen steigen dann nicht nur die Anforderungen in der deutschen Rechtschreibung. Durch die Fremdsprachen und den Fachunterricht kommen auf das legasthenische Kind weitere Belastungen zu. Es muss mehr Arbeitszeit für Hausaufgaben aufwenden und mehr zusätzliche Übungszeit, vor allem in den Fremdsprachen. Dazu braucht es Techniken, um bei Klassenarbeiten ökonomisch zu arbeiten, z. B. indem es sich in Textaufgaben die für das Verständnis wichtigen Angaben mit Farbe markiert.

Das Kind braucht auch noch Freizeit und vor allem Zeit für ein Hobby. Das Thema „Schule" muss einmal wirklich „abgehakt" werden. Es darf nicht den ganzen Tag bestimmen. Daher muss man ökonomisch vorgehen. Das bedeutet, dass mit dem Kind gemeinsam herausgefunden werden soll, wie es sich in den einzelnen Fächern am besten neues Wissen erarbeiten und einprägen kann. Die Übung der Rechtschreibung wird zugunsten solcher Lernstrategien zunehmend zurücktreten müssen.

Im Folgenden werden einige konkrete Hilfen für das Kind ausführlicher dargestellt.

a) Lesenlernen oder die „kleinen grünen Marsmännchen" (Leseanfänger)

Wenn ein Kind noch nicht lesen kann, und es in der Schule keine angemessene Hilfe findet, sollten Vater und Mutter auf die hier beschriebenen Spiele zurückgreifen. „Wir üben nicht – wir spielen" heißt das Motto, das die Kinder zwar bald durchschauen, für das sie aber dennoch dankbar sind, weil sie selber spüren, wie sehr der Spaß beim Spiel ihnen das Lernen erleichtert.

Im anfänglichen Leselernprozess legasthenischer Kinder beobachten wir häufig eine große Schwierigkeit: Aus den Lauten für **m** und **a** kann die Silbe **ma** nicht gebildet werden! Manche Kinder behalten bis in die zweite Klasse hinein das mühsame und zeitaufwendige Erlesen über den Einzelbuchstaben bei **m – a –l – e – n** : malen! Noch schlimmer ist es, wenn nicht lautiert, sondern buchstabiert wird. Wir haben erlebt, wie ein Kind das Wort „Tomate" so las: **Te-o-em-a-te**. Natürlich konnte es mit diesem „Wort" keinen Sinn verbinden!

Hier Abhilfe zu schaffen, gehört zu den vordringlichsten Hilfen. Aus diesem Grunde soll hier ausführlich auf Silbenspiele und auf die Notwendigkeit, stets zu lautieren, eingegangen werden. Damit die Übungen im Spiel mit Sinn gefüllt sind, haben wir z. B. eine Geschichte von den kleinen grünen Marsmännchen erfunden. Und die geht so:

Die Marsmännchen kommen!

Mit einem Raumschiff kommen grüne Marsmännchen zur Erde gereist. Sie haben sich vorher bei einem Hotel angemeldet, damit sie auf der Erde auch Unterkunft finden. Der Hotelbesitzer erhielt vorher folgende Informationen: Auf dem Mars ist es üblich, dass jede Familie im Hotel ein eigenes Stockwerk bezieht. Die Familien haben andere und viel kürzere Namen als bei uns auf der Erde. Man erkennt die Familien, am gleichen Anfangsbuchstaben. So gehören die Männchen **MA , ME , MI , MO , MU , MAU** und **MEI** zur gleichen Familie.

Da nun mit dem ersten Raumschiff drei Familien kommen, die entweder den Anfangsbuchstaben **M** oder **R** oder **S** haben, muss der Hotelbesitzer drei Stockwerke freimachen mit je sieben Zimmern. Das malen wir uns auf: Auf einer Pappe im Format Din A 4 entsteht ein länglicher Kasten mit drei Reihen (Stockwerken) kleiner Kästchen, die die Zimmer darstellen. Über die Spalten schreiben wir die Vokale **A,E,I,O,U** , vielleicht auch **AU** und **EI**. Vor die Zeilen schreiben wir die ersten drei Konsonanten: **M, R, S**. Das Ganze kann noch mit einem Dach versehen werden. Das ist unser „Hotel".

	A	E	I	O	U	AU	EI
M	...	...	...	...	...	...	...
R	...	...	...	...	...	...	...
S	...	...	...	...	...	...	...

Die Namen der Marsmännchen (Silben) schreibt man auf kleine Pappkärtchen, die etwa die Größe der „Zimmer“ haben. Das Kind spielt den Hotelbesitzer und die Mutter (in der Schule auch ein anderes Kind oder mehrere Kinder) sagt an, welches Marsmännchen in sein Zimmer gehen möchte. Das Kind muss nun das richtige Zimmer suchen (Reihe **M**, Spalte **A** gibt **MA**) und die Silbe mit Lautgebärden laut vorlesen. Über die Lautgebärden wird gleich noch etwas gesagt. Dann legt es die Silbenkarte auf das „Zimmer“.

In der Klasse könnte man diese Tabelle auf Plakatkarton zeichnen und an die Tafel heften. Für die Namen der einzelnen Marsmännchen braucht man dann entsprechend große Pappen. Jedes Mal, wenn ein Marsmännchen ein Zimmer bezieht, heftet man die entsprechende kleine Pappe mit einem Tesa-Krepp an die Stelle der Pappe, die das Hotelzimmer markiert. Zum Schluss sieht das so aus:

	A	E	I	O	U	AU	EI
M	MA	ME	MI	MO	MU	MAU	MEI
R	RA	RE	RI	RO	RU	RAU	REI
S	SA	SE	SI	SO	SU	SAU	SEI

Man kann nun ausprobieren, wie schnell man eine Reihe mit Lautgebärden vorlesen kann. Der Erwachsene sollte sich dabei besonders ungeschickt und langsam stellen, damit das Kind besser ist als er. Später spielt man so, dass der „Hotelbesitzer“ die Namen der Männchen in den „Plan von den Zimmern“ schreibt. Aus der Leseaufgabe ist dann eine Schreibaufgabe geworden.

Die Marsmännchen heiraten

Man zeichnet – wiederum auf eine Plakatpappe – einen Spielplatz mit Sandkasten, Kletternetz, Wippe, Rutsche und Planschbecken und spart in jedem Spielgerät ein oder zwei quadratische Flächen aus, entsprechend der Größe der Silbenkärtchen (Hackethal 1990).

Nun kommen einige Marsmännchen aus dem Hotel und verteilen sich auf dem Spielplatz. Das Kind erzählt dann – und zeigt die Namen zugleich mit den Lautgebärden – welches Marsmännchen an welcher Stelle spielt. Als Erwachsener kann man „mitspielen“ und die Männchen die Plätze einmal tauschen lassen, so dass zwei Silben nebeneinander stehen, die ein Wort ergeben. Das Kind wird die Wörter bald entdecken.

Die beiden Marsmännchen, deren Namen man zu einem Wort zusammenziehen kann, passen gut zueinander. Sie dürfen „zum Standesamt gehen" und „heiraten". Sie bekommen nun gemeinsam einen „Pass", d. h. man tauscht die beiden Kärtchen z. B. für **NA** und **SE** gegen eine längliche Karte ein, auf der **NA SE** steht. Weil ihnen das Hotel nun zu teuer ist, wohnen die Paare fortan in Campingwagen auf dem Campingplatz. (Denken Sie sich eine schönere Geschichte aus, wenn Ihnen diese nicht gefällt!).

Jedenfalls hat man am Ende dieses Spiels einen „Camping-Platz" voller Wörter (in Erwachsenensprache gesprochen) und man kann wieder ausprobieren, wie schnell man mit Lautgebärden die Wörter herunterlesen kann. Auch hier ergibt die Wiederholung des Lesens am selben Tag oder an verschiedenen Tagen die erwünschten Zeitverbesserungen, die zu Erfolgserfahrungen führen.

Mit der Zeit erweitert man das Hotel und die Marsmännchen-Familien durch die Anfangsbuchstaben **N , L , F** , später **H , W , Z** und danach die Konsonanten, die man beim Sprechen nicht mehr dehnen kann: **P , T , K , B , D , G**. Allerdings sollte ein Hotel nicht mehr als sechs Stockwerke enthalten. Sonst wird das Spiel zu unübersichtlich. Man muss eben die Anfangskonsonanten auswechseln.

Übungen mit Lautgebärden

Für das Kind ist das Spiel das Wichtigste. Für uns als Lehrer, Betreuer (z. B. Vater, Mutter oder sachkundige Dritte) ist natürlich die Übung am wichtigsten. Ein sehr brauchbares Mittel dafür sind die Lautgebärden, die wir als „Geheimsprache" einführen. (Abbildungen und Beschreibungen im Anhang).

Solange nur Silben und danach einfach aufgebaute Wörter wie „Nase" und „Regen" gelesen werden, veranlassen wir das Kind, stets mit Lautgebärden zu lesen. Wir bilden z. B. das Handzeichen für **M** (drei Finger, wegen der drei „Beinchen" beim kleinen **m** auf den Mund legen) und danach das Zeichen für **A** (Zeigefinger und Daumen beider Hände bilden ein Dreieck für den weit offenen Mund beim Sprechen von **A**). Nun kommt es darauf an, dass das **M** so lange gedehnt wird, bis das Zeichen für **A** gezeigt wird und der Laut **M** in das **A** übergeht, also **M A**.

Manchen Kindern fällt dieser Übergang besonders schwer. Sie sprechen nach dem **M** das **A** so aus, wie es allein für sich gesprochen wird. Um zum richtigen Silbensprechen zu gelangen, haben sich verschiedene Übungen als hilfreich erwiesen: Man lässt zum Beispiel ein Kärtchen, auf dem **M** geschrieben steht, zu den Kärtchen mit den Vokalen fahren und lässt solange **mmmmmm** lautieren, bis die Karte an eine Vokalkarte anstößt. Durch den Schwung des Aneinanderstoßens kommen manche Kinder leichter zur richtigen Aussprache. Dabei kann man die einzelnen Karten als Eisenbahnwagen beim Rangieren bezeichnen oder die Konsonantkarte als „Fahrstuhl“, der auf jeder Station hält. Bei jedem Halt muss man dann den Namen der Station (**M** + Vokal) lesen.

In schweren Fällen kann es hilfreich sein, wenn der Erwachsene gedehnt mitspricht, so dass das Kind sich selbst und zugleich den Erwachsenen hören kann. Einigen Kindern hat es geholfen, wenn man ihnen sagte „sprich nicht laut, sondern bewege nur die Lippen, so als wolltest du **M** sagen“.

Wenn man so mit Silben arbeitet, braucht dem Kind gegenüber meist nicht betont zu werden, dass die Buchstaben im gesprochenen Wort nur lautiert, nicht buchstabiert werden. Es ist aber wichtig, auch die Einzelbuchstaben nur mit ihrem Lautwert zu sprechen. Leider bereitet die Fernsehserie „Sesamstraße“ schon im Vorschulalter nur auf das Buchstabieren vor, das gerade Kinder mit Leselernschwächen sehr in die Irre führen kann.

Schatzsuche

Ein anderes Spiel mit Silben heißt „Schatzsuche“. Das Kind, in einer Übungsgruppe jedes Kind, hat ein Blatt mit Kästchen wie beim „Hotel“ vor sich liegen. Es „versteckt“ in drei Kästchen je einen Schatz. Der Spielleiter muss nun raten, in welchem Kästchen sich ein Schatz befindet. Nennt er eine Silbe, deren Kästchen keinen Schatz enthält, schreiben alle Kinder die Silbe in das Kästchen hinein. Stößt er aber auf einen Schatz, muss der Spielleiter sich die Silbe aufschreiben. Wenn er bis zum Ende der Spielzeit, die etwa durch eine Sanduhr oder durch einen Küchenwecker angezeigt werden kann, nicht alle Schätze findet, haben die Kinder gewonnen. Dieses Spiel kann man auch als Partnerübung von nur zwei Kindern spielen lassen.

„Oskar“ und Memory

Ohne die „Marsmännchen“ geht es dann mit Silben- und Wörterspielen weiter. Allerdings beschränken wir uns auf solche Wörter, die noch aus den einfachen „Marsmännchen“-Silben aufgebaut sind. Lediglich die Endsilben auf **-en , -el , -er** nehmen wir hinzu.

Die Wörter werden nun silbenweise auf Spielkarten geschrieben (zerschnittene Wörter). Man spielt damit nach den Regeln vom „schwarzen Peter“. Wir benutzen anstelle des „schwarzen Peter“ eine Karte, die wir

„Oskar“ nennen. Wer „Oskar“ zuletzt behält, bekommt einen Klebepunkt auf die Stirn.

Mit den zerschnittenen Wörtern kann man auch „Aufdeck-Memory“ spielen: einmal aufgedeckte Karten bleiben offen liegen, damit es leichter fällt, die beiden Silben zu finden, die ein Wort ausmachen.

Im Übrigen: Lassen Sie als Lehrer, Mutter, Betreuer Ihrer Phantasie freien Lauf, und ermuntern Sie Ihr Kind auch, neue Spiele und Geschichten zu erfinden. Wir verweilen lange beim Fundament des Lesens, nämlich der Laut-Buchstabenzuordnung auf der Silbenebene. Je intensiver auf diesem Niveau „gespielt“ wird, umso rascher und sicherer kommt das Kind später voran.

b) Abschreiben – aber anders als sonst (Grundschulzeit)

Viele Kinder mit Leselernschwierigkeiten neigen im Anfangsunterricht dazu, ihre Fibeltexte auswendig zu lernen. Dabei lernen sie natürlich nicht lesen. Ebenso unfruchtbar erweist sich das Abschreiben von Texten. Es kommt zwar vor, dass ein legasthenisches Kind auch beim Abschreiben viele Fehler macht, häufiger aber scheint der umgekehrte Fall zu sein: Das Kind kann fast fehlerlos abschreiben, aber ein fehlerfreies Diktat gelingt ihm nicht.

Um das verstehen zu können, muss man sich Folgendes vergegenwärtigen: „Abschreiben“ ist durch Abmalen der einzelnen Buchstaben möglich, auch wenn man nicht weiß, für welchen Laut der Buchstabe dasteht. Beim Diktatschreiben muss das Kind das diktierte Wort zunächst hören, dann mit Hilfe inneren Sprechens wieder aufbauen, re-konstruieren. Es handelt sich hier um eine aktive innersprachliche Leistung, während die reine Abschreibübung als visuelle Leistung, ohne Beteiligung der Sprache gelingen kann.

Dennoch gehören Abschreibübungen zu den beliebten Aufgabenstellungen in der Schule oder bei Hausaufgaben. Was ist zu tun?

Nicht abschreiben – aufschreiben

Die Aufgabenstellung für das Kind sollte stets lauten: „Probiere einmal aus, ob du das schon auswendig schreiben kannst!“ Voraussetzung ist, dass das Kind jedes Wort über inneres Mitsprechen aufbaut. Da wir in den ersten Übungsstufen nur Wörter benutzen, die man lautgetreu schreibt, und erst allmählich den Aufbau von Wörtern auch über Ableitungen einführen (Hun**d**, weil es Hunde heißt, W**ä**lder, weil es Wald heißt), können die Kinder zunächst im Bereich lautgetreuer Schreibungen Sicherheit gewinnen.

Das innere Mitsprechen aktivieren wir, indem wir das Kind veranlassen, zunächst die Silbenbögen für das Wort in die Luft zu schreiben und dann auf dem Papier unmittelbar unter die Lineatur zu setzen. Dann wird das Wort silbenweise mit Lautgebärden aufgebaut und danach erst – wieder silbenweise – niedergeschrieben, während das Kind zugleich mitspricht.

Beim Abschreiben von der Wandtafel in der Schule muss man daran denken, dass ein Kind neben seiner Legasthenie auch noch einen Sehfehler haben kann, der ihm das Abschreiben natürlich erschwert. Auf die Notwendigkeit, legasthenische Kinder einem in diesen Zusammenhängen erfahrenen Augenarzt vorzustellen, wurde bereits hingewiesen.

Keine Angst vor langen Wörtern!

Zwischen das Abschreiben von Wörtern und von Texten schieben wir eine Übung mit langen Wörtern ein, das „Langewörter-Spiel“: Aus einer Reihe von einzelnen Wörtern soll das Kind Zusammensetzungen bilden, z. B. aus:

Garten – Haus – Rosen – Tür – Telefon – Seite – Buch – Kabel – Zaun – Fenster – Scheibe.

Es können nun jeweils zwei, manchmal auch drei Wörter zu einem langen Wort zusammengesetzt werden: Gartentür, Rosengarten, Telefonbuchseite, Gartenzaun, Gartenhausfenster u. a. mehr.

Am Ende des Spiels erhalten zweisilbige Wörter je fünf Punkte, dreisilbige aber 10 und viersilbige gar 20 Punkte! Dadurch, dass das Kind die Silbenbögen unter seine Wörter setzen muss, um sie zählen zu können, trainieren wir das silbenweise Mitsprechen beim Schreiben. So kann sich das Kind, das immer längere Wörter schreibt, im Vergleich zur eigenen früheren Leistung beständig verbessern. Diese Übung bereitet nicht nur auf das richtige Abschreiben von Texten vor, es macht den Kindern auch Mut, selbständig Texte zu verfassen, eine wichtige Voraussetzung für das Aufsatzschreiben!

Für Abschreib- und Aufschreibübungen gilt selbstverständlich – ebenso wie für Diktate – dass in allen Übungen jeweils die richtig geschriebenen Wörter und nicht die Fehler gezählt werden!

c) Richtig lesen üben (Grundschulzeit)

Es wurde bereits gesagt, dass mehrfaches Lesen eines Textes die Leseleistung in aller Regel nicht verbessert. Kinder versuchen, sinnentnehmend zu lesen. Bleiben ihnen Wörter in einem unbekannten Text beim ersten Lesen rätselhaft, so beginnen sie, aufgrund des bisher verstandenen Sinngehalts, diese Wörter zu erraten. Sie können dann eine solche Geschichte durchaus richtig wiedererzählen und auch „lesen“. Nur bei genauem Vergleich kommt der Erwachsene dahinter, dass mehr erraten als gelesen wurde!

Eine Mutter berichtete, sie habe sich schon gewundert, dass ihre Tochter stets darum bat, sie möge ihr die Geschichte doch zuerst einmal vorlesen. Nachdem die Mutter das getan hatte, konnte das Kind die Leseübung fast ohne Fehler bewältigen! So schnell hatte es auswendig gelernt.

Silbenbögen verhindern Ratelesen!

Bei Leseübungen geht es also zuallererst darum, Ratelesen zu verhindern. Wir geben daher den Kindern im Förderunterricht kurze Geschichten mit der Anweisung, Silbenbögen unter die Wörter zu setzen. Diese Aufgabe ist von den vorausgegangenen Spielen mit Wörtern bekannt und nicht zu schwer.

Um herauszubekommen, wo die eine Silbe aufhört und die andere beginnt, muss das Kind jedes Wort artikulierend, d. h. indem es leise mitspricht, lesen. Da kann es dann nicht vorkommen, dass aus dem Wort „Schublade“ wegen des ähnlichen Gesamteindrucks das (bekanntere) Wort „Schokolade“ wird! Vor allem lange Wörter verleiten das Kind zum Erraten. Es meint, das Wort schon „erkannt“ zu haben und verzichtet auf die Kontrolle der zweiten Worthälfte durch die eigene Artikulation.

Lautes Vorlesen mit Lautgebärden

Nachdem alle Wörter mit Silbenbögen versehen worden sind, darf das Kind dem Erwachsenen laut vorlesen. Dabei sollte man anfangs, wenn das Kind noch langsam liest, die Lautgebärden durchgehend zeigen lassen. Später geben die Kinder die Lautgebärden auf, weil sie schon schneller lesen, als sie die Gebärden zeigen können. Die Aufforderung: „Nimm die Zeichen“ sollte dann nur noch bei solchen Wörtern erfolgen, bei denen das Kind ohne diese Hilfe nicht weiterkommt.

Man kann vorher eine Wette abschließen: Das Kind legt sich fest, wie viel Wörter es höchstens falsch lesen wird. Es hat gewonnen, wenn die

Fehlerzahl unterhalb dieser Grenze liegt. Dabei ist uns wichtig, dass das Kind seine eigene Leistung realistisch einschätzen lernt, und,

dass Fehler ganz selbstverständlich vorkommen dürfen. Wenn man etwas Neues lernt, braucht man sich der Fehler nicht zu schämen. Unser Ziel ist, sie zu verringern, nicht sie zu vermeiden. Schließlich verlesen sich auch die Erwachsenen manchmal.

d) Nicht Diktate üben – Wörter aufbauen (Klassen 2 bis 6)

Es hat wenig Sinn, legasthenischen Kindern Diktate zu geben, wie sie von der zweiten Klasse an in den Schulen geschrieben werden. Diese Diktate enthalten meist schon alle Rechtschreibprobleme, die in der deutschen Schriftsprache vorkommen. Damit sind Fehler vorprogrammiert. Leider geht es bereits in der zweiten Klasse auch schon um einige Rechtschreibregeln: Die Kinder sollen unterscheiden, welche Wörter groß und welche klein geschrieben werden, in welchen Wörtern die Vokale lang und in welchen sie kurz klingen.

Unterscheidungsleistungen und Hörverarbeitungsschwächen

Solche Unterscheidungen gelingen vielen legasthenischen Kindern nicht. Die Groß- und Kleinschreibung eignen sie sich besser mit dem einzelnen Wort an. Die Frage nach langen und kurzen Vokalen werden einige von ihnen nie beantworten können, weil sie im Einschulungsalter nicht einmal ein langgesprochenes **o** von einem langgesprochenen **u** zu unterscheiden vermögen, geschweige denn Länge/ Kürze beim gleichen Vokal. Kinder mit einer solchen Hörverarbeitungsschwäche sind nicht in der Lage, Rechtschreibregeln anzuwenden, die sich auf solche Unterscheidungsleistungen gründen.

Man muss sich daher darauf besinnen, dass die Aneignung der Rechtschreibung eine psychomotorische Leistung darstellt, die in Stufen erfolgt, deren letzte die Automation ist: Erwachsene schreiben die meisten Wörter automatisch, ohne über Rechtschreibregeln nachzudenken. Das gilt übrigens auch für die Regeln der Zeichensetzung!

Am Beispiel eines Zweitklässlers konnten wir sehen, dass eine Regel angewandt wurde, aber ein Fehler dennoch nicht vermieden werden konnte:

Der Junge schrieb zum Bild eines Blattes das Wort „Bältt“. Offenbar hatte er sein Regelwissen angewandt und das Wort verlängert, um auf die Schreibung mit Doppel-**t** zu kommen (Blatt – Blätter). Beim Schreiben aber blieb das **ä** aus der Mehrzahlform in Erinnerung und es schlich sich zusätzlich eine Reihenfolgevertauschung ein!

Übungswortschatz: Erste Schwierigkeitsstufe

Um den Bedingungen der ersten Stufe der Aneignung zu entsprechen, sollten Rechtschreibübungen für legasthenische Kinder sich zunächst auf Wörter beschränken, die nach dem Muster „Konsonant Vokal – Konsonant Vokal“ (wie Nase) oder „Konsonant Vokal – Konsonant Vokal Konsonant“ (wie Maler oder malen) aufgebaut sind. Wie beim Lesenlernen erwerben die Kinder auch hier ein Fundament, auf das die späteren Rechtschreibübungen sich stützen können.

Wortsammlungen für solche Übungen findet man in dem Buch „Kieler Rechtschreibaufbau“ (Dummer/Hackethal 1987). Man kann sich aber aus Lese- und Sprachbüchern oder aus Wörterbüchern für die Grundschule solche Wörter heraussuchen. Diese Wörter werden jeweils einzeln auf Karteikarten geschrieben. Geübt wird wieder im Spiel.

Übungswortschatz: Zweite Schwierigkeitsstufe

Höhere Ansprüche an das Heraushören aller Laute im gesprochenen Wort stellen Wörter mit Konsonantverbindungen. Auf der zweiten Schwierigkeitsstufe der Übungen geht es um zwei Konsonanten am Anfang des Wortes (Blume, Kragen) oder in der Mitte (Wolke, Farbe).

Bei Wörtern mit dieser Lautstruktur kommen vor allem zwei Fehlerarten vor: Auslassen der so genannten „Verschleiflaute“ **l**, **n**, **r** (Bume, Kagen, Fabe) oder Umstellung dieser Laute (Bulme, Kargen, Frabe). Legastheniker mit einer Hörverarbeitungsschwäche neigen in diesem Zusammenhang auch zur Fehldeutung der kurzen Vokale (Törme statt Türme, Melch statt Milch).

Zur Vermeidung der Reihenfolgefehler schlägt Kossow (1972) spezielle Übungen vor: Das Kind soll beim Sprechen den Anfangsbuchstaben vom übrigen Wort deutlich abheben, z. B.

1	2	3
G – raben	raben	G – raben
k – neten	neten	k – neten

Oder es soll auf das Ende der ersten Silbe hören: Konsonant oder Vokal

Gra – ben	Gar – ben,	Fla – sche	fal – sche,
Gra – nit	Gar – ten,	strö – men	stür – men

Diese Übungen bereiten die entsprechenden Unterscheidungsleistungen bei einsilbigen Wörter (Puls – plus, Frosch – forsch, Frost – Forst) vor. Wir haben uns mit solchen Wörtern ein Memory-Spiel hergestellt, mit dem wir entsprechend trainieren.

Übungswortschatz: Dritte Schwierigkeitsstufe

Nun dehnen wir den Übungswortschatz auf alle Wörter mit Konsonantverbindungen aus. Allerdings dürfen Wörter mit Dehnung, Dopplung (einschließlich **ie, aa, ee, oo**) und speziellen Rechtschreibproblemen (**ck, tz, x, chs, ks** usw.) noch nicht vorkommen. Im Prinzip kann auf dieser Stufe noch die richtige Schreibung jedes Wortes durch deutliches Mitsprechen gut gesteuert werden, sofern man Ableitungen zu Hilfe nimmt. Ableitungen dienen zur Bewältigung der Umlautbildung und der Auslautprobleme:

Hun**?** – Hunde, also Hun**d**
W**?**rme – warm, also W**ä**rme.

Auch für Kinder mit Hörverarbeitungsschwächen sind diese Übungen grundlegend. Sie können manche Lautunterschiede zwar nicht „hören" (damit ist die zentrale Verarbeitung gemeint), aber über ihre eigene Artikulation gelingt es ihnen, manchmal mit Hilfe der Lautgebärden, manchmal mit Hilfe eines Spiegels (in dem sie ihre Mundstellungen beobachten), die Unterscheidungsleistungen auf andere Weise aufzubauen.

Übungswortschatz: Vierte Schwierigkeitsstufe

Die orthographischen Schreibungen müssen Legastheniker, wie auch andere Kinder, überwiegend durch Einprägen erwerben. Der Übungswortschatz für Wörter mit Doppelvokalen und mit Dehnung ist glücklicherweise begrenzt. Dasselbe gilt für die Wörter mit **qu**- und mit **x**-Lauten. Mit Hilfe von Postern, die man mit den Kindern selber erarbeitet, kann man über Bildvorstellungen speichern, welche Wörter zu einer bestimmten Schreibung gehören.

Um Wörter mit Doppelvokalen einzuprägen, entwerfen wir z. B. mit den Kindern gemeinsam ein Bild (nach Beate Lohmann), das in der Diagonale durch einen Sandstrand in **Mee**r und Land geteilt wird. Aus dem Meer ragt ein Berg mit Schn**ee** auf dem Gipfel. Am Strand liegt ein Bademantel aus Frott**ee**. Mitten im Land befindet sich ein S**ee**, der in ein M**oo**r übergeht. Auf dem See gibt es ein B**oo**t. Vom See führt eine All**ee** zu einem mit R**ee**t gedeckten Haus. Das Dach ist mit M**oo**s bewachsen. Vor dem Haus steht ein Tisch mit T**ee** und Kaff**ee**, daneben sitzt ein Mädchen mit blondem H**aa**r… Den Kindern fällt noch mehr dazu ein.

Für diese Art der Übungen im letzten Schwierigkeitsbereich der Rechtschreibung gibt Beate Lohmann (1997) gute Anregungen.

e) Eselsbrücken und Spiele

Wenn Legastheniker nicht entmutigt werden und ihr Problem akzeptieren, sind sie auch bereit, mehr zu üben als andere Kinder. Wichtig ist dennoch, dass sie weder durch den Zeitaufwand noch durch den Schwierigkeitsgrad der Übungen überfordert werden. Daher versuchen wir gemeinsam, Eselsbrücken für spezielle Rechtschreibprobleme zu finden und möglichst viele Übungen als Spiel durchzuführen. Die Kinder durchschauen schon, dass es sich nicht um richtige, sondern um Lernspiele handelt. Dennoch lassen sie sich gern darauf ein, weil Lernen im Spiel einfach leichter fällt.

Eselsbrücken

Für die häufigsten Verwechslungsprobleme, die bei legasthenischen Kindern immer wieder zu beobachten sind, haben wir uns „Eselsbrücken“ gebaut: **b – d – g**

- Wir sprechen **b** und legen dabei den Zeigefinger auf die Lippen. Wir spüren, wie die Lippen sich beim Sprechen leicht öffnen. Da der Zeigefinger lang ist und nach oben zeigt, müssen wir auch den Buchstaben schreiben, bei dem der Stift zunächst nach oben wandert. Auch der kleine Druckbuchstabe **b** kann mit dieser Hilfe befestigt werden. Wir drucken ihn in das geschriebene **b** mit einer anderen Farbe hinein: zuerst den langen Strich, dann erst die „Kugel“.
- Wir versuchen herauszuspüren, was die Zunge tut, wenn wir **d** sprechen. Sie drückt gegen den Gaumen. Daher drücken wir bei unserem Geheimzeichen für **d** beide Daumen zusammen. Der runde Daumennagel soll uns daran erinnern, dass wir beim Schreiben mit der „Kugel“ beginnen müssen. Danach erst folgt der lange Strich. Schreib- und Druckbuchstabe entsprechen einander soweit, dass man von der Schreib-

bewegung her – wenn sie einmal befestigt ist – auch beim Erlesen den richtigen Laut zuordnen kann.

- Das kleine **g** wird seltsamerweise auch mit **b** und **d** verwechselt, obwohl seine Form sich in der Druckschrift wie in der Schreibschrift von den beiden anderen unterscheidet. Wir führen das **g** mit der Vorstellung von einem „Gänseschnabel“ ein (Daumen und Zeigefinger bilden den Schnabel). Man kann den Buchstaben mit Farbe in die Bleistiftskizze eines Gänsekopfes hineinschreiben. Die „Kugel“ ist oben, der „Hals“ zeigt nach unten. Oft aber genügt es, den Buchstaben mit der Lautgebärde zu verbinden, um weitere Verwechslungen zu vermeiden.

Wörter-Bingo

Ein sehr beliebtes Spiel anstelle des Diktats ist das „Wörter-Bingo“. Man gibt dem Kind ein Blatt Papier, das durch vorheriges Falten oder mit Hilfe eines Lineals in 4 x 4 = 16 Felder aufgeteilt wurde. Je nachdem, wie viele Wörter man schreiben lassen will, darf das Kind in sieben oder vier Felder je ein Blümchen, Mäuschen oder Kreuzchen malen. Es bleiben noch 9 bzw. 12 Felder zum Schreiben frei. Nun lässt man das Kind aus der Übungskartei blind die entsprechende Zahl von Wörtern heraussuchen, mischt die Karten gründlich und diktiert die Wörter in der Reihenfolge, in der sie im Kartenhäufchen liegen. Jedes Kind schreibt die Wörter in die Kästchen, wie es ihm beliebt, d. h. ohne eine Reihenfolge einzuhalten. Danach wird kurz überprüft, ob alle Wörter richtig geschrieben wurden. Findet man einen Fehler, den das Kind nicht erkennt, so gibt man ihm die entsprechende Wortkarte zum Vergleich. Danach radiert es das falsch geschriebene Wort aus und schreibt es neu.

Nun kommt das eigentliche Spiel, das zugleich eine Leseübung darstellt: Der Spielleiter mischt die Karten wieder sehr sorgfältig und liest sie in der veränderten Reihenfolge vor. Die Kinder suchen das jeweils diktierte Wort in ihren Kästchen auf und unterstreichen das Wort farbig.

Sofern sie alle Kästchen in einer Zeile oder Spalte unterstrichen haben, dürfen sie „Bingo“ rufen und an den seitlichen bzw. unteren Rand des Blattes ein Gesicht mit dem bekannten lachenden Mund („Smiley“) malen. Am Ende des Spiels haben alle Kinder acht Smileys „gewonnen“. Bezeichnenderweise hat sich noch nie ein Kind beklagt, dass alle gewonnen haben und es keinen Verlierer gibt!

Gefüllte Leberwurst

Die „Gefüllte Leberwurst“ ist ein Spiel, das bei älteren Kindern die Beweglichkeit im Wortschatz steigert und die Aneignung der Rechtschreibung unterstützt. Wir legen mit den Buchstaben vom Spiel „Letra-Mix“ oder anderen Buchstabenspielen (Scrabble, Wörter-Rummy) ein langes Wort, z. B.:

SCHWEINEBRATEN

Das Kind darf nun die Buchstaben, wie es sie braucht, aus dem Wort herausnehmen, um neue Wörter zu bilden. Jedes Wort, das es gefunden hat, schreibt es auf ein Blatt Papier. Wenn es allein spielt, zählt man am Ende des Spiels wieder die Silben der insgesamt geschriebenen Wörter. Spielen mehrere Kinder gemeinsam, so erhalten sie für jedes Wort, das bei zwei und mehr Kindern vorkommt, jeweils 5 Punkte, aber 20 Punkte für ein Wort, das niemand anders geschrieben hat.

Bei jüngeren Kindern geben wir Hilfen: Suche Wörter mit **ei** (oder mit **ie**, oder mit **ee**). Auf der vierten Stufe der Schwierigkeit von Wörtern würde man für Wörter mit Dehnungs-h oder mit Dopplung z. B. zehn Punkte vergeben, um sie attraktiver zu machen.

Aus dem Wort „Schweinebraten“ könnte sich folgende Wörtersammlung ergeben:

ein	weich	Biene	raten	Tee	Sahne
Wein	reich	Schiene	waten	See	Bahn
nein	Teich	Niete	Bach	Schnee	Naht
sein		bieten	Nacht	Teer	
rein	(usw.)				

Als Erwachsener wird man sich wundern, wie viele Wörter die Kinder finden, nachdem sie in diesem Spiel geübt sind.

Denk fix oder das „Drei-Wörter-Spiel“

Vor allem ältere Kinder in der 4., 5. und 6. Klasse können das „Drei-Wörter-Spiel“ gut spielen. Dazu braucht man eine kleine Kartei, in der die Wörter nach Rechtschreibproblemen geordnet sind. Anstelle der Buchstaben A bis Z schreibt man auf die Registerkarten die folgenden Buchstabenkombinationen:

- bb, dd, gg, kk, zz für die selteneren Formen der Dopplung,
- aa, ee, oo, uu und
- ah, eh, ieh, oh, uh für die entsprechenden Dehnungswörter.

Darüber hinaus kann man Wörter mit ie (hier sind die einsilbigen Wörter zu empfehlen) und mit allen anderen Dopplungen in die Kartei aufnehmen. Bei diesen Gruppen muss man keine Vollständigkeit anstreben, weil die Wörter hier sehr zahlreich sind. Wichtig ist die Regel, dass ein Dehnungs-h nur vor den Konsonanten l, m, n, r steht und nicht in Wörtern, die mit Qu oder Sch beginnen. Ausnahmen sind die einsilbigen Wörter mit einem h am Ende: Reh, froh, roh, Stroh, früh, Kuh und Schuh.

Anstelle einer Kartei kann man diese Wörter auch in einem DIN A4-Heft sammeln, nachdem man die entsprechenden Rubriken eingerichtet hat. Im Heft könnten auf jeweils einer Seite die Wörter mit -ahl-, -ahm-, -ahn-, -ahr- aufgeführt werden, auf einer zweiten die entsprechenden Schreibungen mit -eh- usw. Kartei und Heft dienen zum „Schummeln", wenn einem kein Wort einfällt.

Zudem schreibt man auf kleine Karteikarten die entsprechenden Aufgaben: „Ein Wort mit bb" z. B. und so fort für alle in der Kartei gesammelten Rechtschreibprobleme. Vor einem Spiel werden die Karten gut gemischt. Der erste Spieler nimmt eine Karte auf und liest vor, welche Aufgabe darauf steht. Nun schreibt jeder Mitspieler maximal drei Wörter mit dem entsprechenden Rechtschreibproblem auf. Wer kein Wort findet, darf in der Schummel-Kartei oder im Heft nachschauen und danach aus der Erinnerung ein bis drei Wörter aufschreiben. Allerdings gibt es dann keine Extra-Punkte.

Jedes Wort erhält einen Punkt. Wer 3 Wörter gefunden hat, bekommt 2 Extra-Punkte für das dritte Wort. Bei jüngeren Kindern kann man auch für jedes geschriebene Wort 5 Punkte geben und, wenn drei Wörter geschrieben wurden, 10 Extra-Punkte. Nach jeder Runde werden alle Punkte zusammengezählt. Wie viele Runden man spielt, ist Sache der Vereinbarung.

f) Fehlersalbe und Fehlerpflaster

In der Schule werden Fehler häufig noch rot unterstrichen und darüber hinaus auch dadurch betont, dass unter den Arbeiten die Zahl der Fehler steht, nicht die Anzahl der richtig geschriebenen Wörter. Was man rot unterstreicht, wird für die visuelle Wahrnehmung hervorgehoben. Rot ist zudem noch eine Farbe mit Signalcharakter. Das bedeutet, dass sich die rot unterstrichenen Schreibungen – also die Fehler – einprägen!

Bei uns werden Fehler nicht betont, sondern heruntergespielt. Nach Möglichkeit zählen wir die richtig geschriebenen Wörter und vergleichen von Mal zu Mal, wie viel mehr Wörter nun schon fehlerlos geschrieben werden. In der Schule sollte man angeben, wie viele Wörter von der Gesamtzahl der Wörter im Diktat richtig geschrieben wurden! In Prozent ausgedrückt, kann man die eigenen Erfolge dann in der Zeichnung eines Thermometers darstellen und mit früheren Leistungen vergleichen.

Unauffällig korrigieren

Anfangs, solange das Kind mit Bleistift schreibt, korrigiert der Erwachsene unauffällig, wenn das Schriftbild mit dem Radiergummi verschmiert wurde oder das Kind einen Fehler übersehen hat.

Später gibt es für Falschschreibungen mit Tinte „Fehlerpflaster“: Aus einem Klebeetikett schneidet man ein genügend großes Stück aus, klebt es drüber, und schon ist der Schaden geheilt! Auf das „Pflaster“ kann man zudem das Wort noch einmal richtig schreiben. Damit wird zugleich das Richtige zum Einprägen hervorgehoben. Und der Ausdruck „Fehlerpflaster“ sagt dem Kind, dass man Fehler beheben kann, ohne sie tragisch zu nehmen.

Bei Diktatübungen mit der Schreibmaschine kann nicht sofort korrigiert werden, weil man an die Schadenstelle nicht gleich herankommt. Wir veranlassen daher das Kind, das Blatt nach dem Diktat herauszunehmen und anhand einer entsprechenden Vorlage seine Fehler selbst zu suchen. Mit Tipp-Ex („Fehlersalbe“) werden sie gelöscht. Dann spannt das Kind das Blatt wieder ein und schreibt die vorher fehlerhaften Wörter unter die Arbeit. Wenn die Kinder mit einem Computer statt einer Schreibmaschine arbeiten, ist die Korrektur noch einfacher.

Selbstkorrektur, ein wichtiges Prinzip

Wissenschaftler haben in mehreren Untersuchungsreihen festgestellt, dass Kinder unmittelbar nach dem Diktat besonders interessiert daran sind, zu erfahren, ob sie die Wörter richtig geschrieben haben und, wie sie geschrieben werden. Den größten Lernerfolg in der Rechtschreibung erzielten die Schüler, denen erlaubt wurde, unmittelbar nach jedem Diktat ihre eigenen Fehler zu suchen und zu korrigieren. Dieser sehr deutliche Erfolg im Vergleich zu anderen Gruppen trat ein, obwohl sie bis zu 30 % ihrer eigenen Fehler übersehen hatten.

Demnach darf man annehmen, dass auch Schüler mit Rechtschreibschwierigkeiten sich richtige Schreibungen eher einprägen können, wenn sie sogleich nach einem Diktat oder einer anderen Übung kontrollieren und korrigieren dürfen. Daher sollten Übungsleiter in der Förderung und Mütter zu Hause möglichst viele Möglichkeiten zur Selbstkorrektur geben, Fehler, die ein Kind dennoch übersieht, werden wiederum mit Fehlerpflaster oder Fehlersalbe unauffällig vom Erwachsenen korrigiert.

g) Hausaufgaben

Hausaufgaben sollte das Kind zwar möglichst selbständig machen, doch wird die Mithilfe der Mutter lange Zeit nötig sein. Es gibt keine allgemein gültigen Regeln für diese Mithilfe. Wichtig aber ist in jedem Fall, dass Betreuer und Kind partnerschaftlich miteinander umgehen. Das Kind muss die Hilfen als sinnvoll akzeptieren können. Ebenso muss es Hilfsangebote, die ihm nicht wirklich helfen, ablehnen dürfen. Ein Üben gegen den Willen des Kindes wird schnell zum Kampf und belastet dann die Mutter- bzw. Vater-Kindbeziehung unnötig.

Zeigen Sie Ihrem Kind nie Geringschätzung – und sei es auch nur durch die Wahl zu leichter Spiele! Legastheniker sind aufgrund ihrer Erfahrungen hier besonders feinfühlig. Andererseits können sie selbst recht gut einschätzen, was für sie zu leicht ist. Am besten bietet man in Bezug auf Spiele und Übungstexte für das Lesen und Schreiben dem Kind mehrere Wahlmöglichkeiten an.

Ebenso wenig ist Misstrauen am Platze. Legastheniker möchten aufgrund ihrer allgemeinen Begabungshöhe in der Regel gerne etwas leisten. Kein Legastheniker „ruht sich auf seiner Legasthenie aus", es sei denn, ein verständnisloses Umfeld habe ihn bereits resignieren lassen. Nicht einmal in diesem Fall kann man von „Faulheit" sprechen. Der Schüler traut sich nichts mehr zu und tut lieber gar nichts, als sich dem Misserfolg zu stellen. Erfahrungsgemäß lassen Erfolge in der Förderung oder Ermutigung in der Schule den Fleiß des Schülers rasch wieder aufleben.

Zusätzliche Förderung oder Einüben von Lernstrategien?

Während der Grundschulzeit bleibt im Rahmen der Hausaufgaben noch am ehesten Zeit für die zusätzliche Förderung. Dass diese Zeit 15 Minuten täglich nicht überschreiten sollte, wurde bereits gesagt.

Solange das Kind noch nicht ausreichend sicher lesen kann, sind schriftliche Hausaufgaben im Fach Deutsch meist eine Überforderung. Sie sollten in diesem Fall durch häusliche Leseübungen ersetzt werden. Viele Lehrkräfte sind dafür zu gewinnen, dass das Kind anstelle der schriftlichen Hausaufgaben spezielle Übungen zum Lesenlernen durchführt, über die die Mutter wöchentlich Mitteilungen an die Schule gibt. Da in diesem Rahmen auch Wörter geschrieben werden, (siehe Seite 73f) kann die Lehrkraft die schriftlichen Ergebnisse der häuslichen Übungen als Hausaufgaben anerkennen und abzeichnen.

Ähnlich könnte man im Fach Mathematik verfahren, z. B. sobald das kleine Einmaleins gelernt werden soll. Legastheniker brauchen dafür in der Regel mehr Zeit als andere Kinder, so dass man die Einmaleinsreihen zu Hause länger üben muss. Die Hausaufgaben sollten sich dann auf die Einmaleinsreihen beschränken, die das Kind bereits gelernt hat, auch, wenn die Klasse schon zwei oder drei Reihen mehr beherrscht.

Später, vor allem, wenn in weiterführenden Schulen der Umfang der Hausaufgaben zunimmt, ist zu überlegen, ob es besser ist, auf zusätzliche Übungen zugunsten einer sorgfältigen Hausaufgabenbetreuung zu verzichten.

Verträge zwischen Mutter und Kind

Um die Geduld sowohl der Mutter als auch des Kindes nicht zu sehr zu strapazieren, sind kleine Verträge nützlich. Die Absprachen betreffen sowohl die Dauer der Arbeitszeit für die Hausaufgaben und die Pausen (z. B. „Wenn ich 20 Minuten gearbeitet habe, darf ich eine halbe Stunde spielen"), als auch die Reihenfolge der Fächer. Meist empfiehlt es sich, die leichteren Aufgaben zuerst bearbeiten zu lassen. Manche Kinder aber möchten zuerst das Schwere (also die Deutsch-Aufgaben) hinter sich bringen. Es ist im Allgemeinen richtig, hier dem Kind zu folgen.

Die gesamte Arbeitszeit müsste sich an den Angaben orientieren, die in den schulischen Bestimmungen genannt werden:

- eine halbe Stunde im ersten und zweiten Schuljahr,
- eine Stunde im dritten und vierten Schuljahr
- Wochenenden sind von Hausaufgaben frei zu halten.

In der Regel wird man die täglichen 15 Minuten zusätzlicher Übung hinzurechnen müssen. Dies muss man dem Kind in verständlicher Form erklären. Es geht immer um einen Balanceakt zwischen Über- und Unterforderung. Eine Eieruhr oder ein Küchenwecker helfen auf neutrale Weise, die getroffene Vereinbarung einzuhalten.

Wenn der Schüler bereits eine weiterführende Schule besucht, kann mit den unterrichtenden Lehrern besprochen werden, welcher Zeitraum für die Hausaufgaben auf der jeweiligen Klassenstufe angemessen ist. Bei der Entscheidung, ob darüber hinaus noch zusätzlich geübt werden kann, ist zu berücksichtigen, dass das Kind auch noch Freiraum für Hobby und Sport braucht.

Gemeinsam mit dem Kind muss man ausprobieren, wann die Hausaufgaben gemacht werden. Eine Woche lang könnte man die Hausaufgaben z. B. gleich nach der Schule, die nächste Woche nach dem Mittagessen, eine weitere Woche erst nach einer Pause ansetzen. Wichtig ist, den Zeitpunkt herauszufinden, der dem Kind gemäß ist. Ebenso muss man beachten, dass manche Kinder nach etwa 20 Minuten jeweils eine Pause brauchen, um danach weiterarbeiten zu können. Andere Kinder arbeiten lieber in einem Zuge durch.

Das „Drumherum" bei den Hausaufgaben

Selbstverständlich muss man auf einen geeigneten Arbeitsplatz achten und auf diesem Platz Anordnungen schaffen, z. B. für den Ort von Lexika, von Stiften usw. Ebenso ist auszuprobieren und danach abzusprechen, an welcher Seite des Kindes der Betreuer sitzt. Bei Rechtshändern kann man z. B. auf der linken Seite, bei Linkshändern von rechts gut beobachten und gegebenenfalls Fehler vermeiden helfen. Dies ist auf sehr neutrale Weise möglich, indem man „stopp" sagt, wenn sich ein Fehler anbahnt. Das Kind kann dann über die richtige Lösung nachdenken, mögliche Lösungen mit dem Betreuer durchsprechen oder in manchen Fällen auch einfach die Lösung erfragen.

Manche Kinder wünschen sich eine Betreuung nur aus der Ferne. Die Mutter sollte ansprechbar sein, aber nicht neben dem Kind sitzen. In diesem Fall braucht sie eine ruhige Nebenbeschäftigung.

Zu den Randbedingungen gehört auch, dass man ein Getränk bereitstellt sowie Ablenkungen und Nebengeräusche vermeidet.

Anleitung zur Selbsthilfe, Aneignung von Strategien

Bestimmte Fehlertendenzen werden der Mutter bei den täglichen Beobachtungen deutlich auffallen. Darüber sollte sie mit dem Kind sprechen und gemeinsam mit ihm herauszufinden versuchen, wie es sich bei diesen Fehlern selbst wirksam kontrollieren kann. Es wird „Eselsbrücken" ausprobieren oder sich selbst welche konstruieren.

Es schränkt die Selbständigkeit des Schülers keineswegs ein, wenn man anfangs bestimmte Strategien eintrainiert. Wie lange sitzt z. B. ein Kind vor einem Wort und beginnt nicht zu schreiben, nur, weil es nicht entscheiden kann, ob das Wort groß oder kleingeschrieben wird. In diesem

Fall muss sich das Kind Fragen stellen, die als Entscheidungshilfen dienen können. Diese Fragen lauten:

Passt „ich, du, er, wir" zu dem Wort?	Dann *klein*	schreiben.
Sagt das Wort, wie etwas ist?	Dann *klein*	schreiben.
Passt „der, die, das" zu dem Wort?	Dann *groß*	schreiben.

Es ist wichtig, dass die Reihenfolge der Fragen eingehalten wird, damit das Kind zunächst die Tätigkeits- und Eigenschaftswörter (Verben und Adjektive) findet. Die Möglichkeit, Verben und Adjektive als Hauptwörter (Nomen) zu gebrauchen, so dass sie dann großgeschrieben werden, führt leicht zur Verwirrung.

Die Fragen können in verkürzter Form auf eine Karteikarte geschrieben werden, die dann zur Einübung der Strategie dient. Sie wird über einen längeren Zeitraum während der Hausaufgaben zur Erinnerung auf dem Arbeitsplatz liegen müssen, damit der Schüler sich daran gewöhnt, bei Unsicherheiten blitzschnell diese Fragen durchzugehen. Der Zeitaufwand, den er für diese Strategie braucht, ist immer noch geringer als das frühere fruchtlose Brüten über dem unlösbaren Problem.

Ähnliches gilt von der Strategie, beim Schreiben grundsätzlich leise mitzusprechen. Auch dies muss eingeübt werden, stellt aber später eine der sichersten Steuerungshilfen für selbständiges Schreiben dar. Dabei ist auf rhythmisches, silbenweises Sprechen zu achten.

Eine weitere, unbedingt notwendige Strategie, die alle legasthenischen Schüler brauchen, ist die Verlängerung von Wörtern, deren Auslautschreibung nicht herausgehört werden kann. Dafür wurden oben bereits Beispiele gegeben.

Schließlich darf der Betreuer die Arbeitszeit verkürzen helfen, indem er z. B. Texte für Mathematik oder für die Hausaufgaben in den Sachfächern vorliest. Er nimmt ja dem Kind nicht die Auseinandersetzung mit Inhalten ab, im Gegenteil, er ermöglicht sie erst. Nur die zeitliche Belastung verringert sich. Das stellt manchmal eine entscheidende Hilfe dar, weil der Zeitaufwand für Legastheniker ohnehin bei vielen Arbeiten wesentlich größer ist als für Altersgenossen.

Mit dem älteren Schüler wird man trainieren, Schlüsselwörter im Text mit einem Farbmarker zu markieren, damit er trotz überfliegenden Lesens die notwendige Genauigkeit der Sinnerfassung erreicht.

Auch das Nachschlagen im Wörterbuch muss geübt werden. Dem Legastheniker sollten vor allem die häufigsten Alternativen zur Verfügung stehen (was ich nicht unter **f** finde, muss ich unter **ph** oder **v** suchen). In diesem Rahmen ist auch die Alternative zur Lautverbindung **kw** , die ausschließlich als **qu** vorkommt, zu wiederholen und zu befestigen. Die Arbeit mit dem Wörterbuch stellt einen wichtigen Eckpfeiler der Selbstständigkeit des Schülers dar.

In anderen Zusammenhängen wird ein Legastheniker ganz individuelle Lernwege finden müssen. Insgesamt ist zu beobachten, dass diese Schüler später, als allgemein angenommen, zu völlig selbständigem Arbeiten bei den Hausaufgaben kommen. Viele Mütter, deren Kinder höhere Klassenstufen besuchen, berichten immer wieder von einem Auf und Ab in der Schullaufbahn und von Leistungseinbrüchen, wenn sie sich zu früh oder zu schnell aus der Hausaufgabenbetreuung zurückgezogen haben.

Hausaufgabe: Vokabeln lernen

Zu den wichtigsten Aufgaben bei der Hausaufgabenbetreuung gehört das Vokabellernen in den Fremdsprachen. Erfahrene Mütter empfehlen, auf jeden Fall die Reihenfolge Deutsch/Englisch – Englisch/Deutsch einzuhalten. Entsprechendes gilt natürlich von den anderen Fremdsprachen.

Bei rein englischsprachigem Unterricht müssen die täglich anfallenden neuen Wörter mit einbezogen werden. Meist hilft die wörtliche deutsche Übersetzung, Zugang zu den englischen Redewendungen zu finden. Wenn irgend möglich, sollte man bei den Hausaufgaben auch die Tonband-Kassetten zu dem jeweils benutzten Englischbuch einsetzen.

Vokabelkarten (auf der einen Seite das englische, auf der anderen das deutsche Wort) haben sich bewährt. Manche Schüler kommen mit der englischen Schreibweise besser zurecht, wenn sie sich die Reihenfolge der Buchstaben im englischen Wort mit einer „Pilotsprache“, d. h. so, wie die Buchstabenfolge auf Deutsch klingen würde, vorsprechen und zusammen mit der englischen Aussprache einprägen. Andere Schüler haben mehr Erfolg bei mehrfachem Aufschreiben der Vokabeln. Hier muss man den Legastheniker selbst erproben lassen, was ihm am ehesten hilft.

Ein Wort zum Fach Latein

Die lateinische Sprache ist zwar weitgehend lautgetreu und daher für Legastheniker leichter zu bewältigen als die englische oder gar die französische, doch gibt es auch hier einige Tücken: Lateinische Texte erfordern genaues Lesen. Das birgt für Schüler mit visuellen Wahrnehmungsschwächen Probleme. Während ein solcher Schüler im Deutschen aus dem Textzusammenhang erkennen kann, ob das Wort z. B. „Laden“ oder „Loden“ heißen soll (ihm sind ja die Wortbedeutungen geläufig), wird er bei lateinischen Texten vielleicht „manere“ und „monere“, „voluntas und voluptas" (Originalfehler in der Abiturarbeit eines Legasthenikers) verwechseln.

Unsicherheiten bei der Unterscheidung der optischen Zeichen **o** und **a** werden häufiger berichtet. Ein solches Kind würde in der Grundschulzeit zwar „Vater" sprechen und auch buchstabieren, aber dennoch „Voter" schreiben.

Auch Spiegelbildvertauschungen, wie **ad** und **ab**, können den Sinn eines Textes entstellen und zu falschen Übersetzungen führen. Ebenso kommen Reihenfolgefehler wie „laubadamus" statt „laudabamus" vor. Bewährt hat sich, Fehler, die dem Schüler häufiger unterlaufen, in einer besonderen kleinen Kartei zu sammeln. Im Zuge der Hausaufgaben sollten dann die „kleinen Gemeinheiten", d. h. die fehlerträchtigen Wörter aus dieser Kartei, regelmäßig wiederholt werden.

5. *Der Rollenkonflikt der Eltern*

Die Probleme der legasthenischen Kinder in der Schule strahlen auf die ganze Familie aus. In der Regel spielt die Mutter eine zentrale Rolle, weil sie durch die Betreuung der Hausaufgaben meist genauere Beobachtungen macht, und zwar nicht nur zu den Fehlern, sondern auch zu den Stimmungen des Kindes.

Sie steht meist vor der Aufgabe, in der ganzen Familie Sachverstand und Problemverständnis zu erreichen, damit nicht ein unbedachtes Wort den Erfolg der Hilfen wieder gefährdet. Dass dies nicht immer leicht ist, wissen wir aus der Elternberatung. Oft sperrt sich ein Familienmitglied schon gegen den Gedanken, das Kind könne Legastheniker sein. Hierbei spielt manchmal Prestigedenken mit Rücksicht auf die Umwelt eine fatale Rolle. Die Legasthenie wird als Makel empfunden. Mit etwas Geschick aber ist es möglich, die Sperren abzubauen, so dass sich das legasthenische Kind wenigstens in der Familie geborgen fühlt.

Trotzdem kann es zu Verstimmungen zwischen Mutter und Kind kommen, wenn Mütter mit ihren eigenen Kindern arbeiten. Das liegt im Wesentlichen an dem Rollenkonflikt, in den die Mütter zwangsläufig geraten: Als Mutter sind sie für das Kind Bezugsperson für emotionale Bedürfnisse, für Trost, Zuflucht, Liebe, Geborgenheit.

In der Förderung, beim Üben, ja schon bei den Hausaufgaben, schlüpfen die Mütter aber in die Rolle der Lehrerin. Diese Rolle verbindet sich für das Kind mit Forderungen, die es nur schwer oder nicht erfüllen kann, mit Leistungsbewertung im Klassenmaßstab, insofern mit Misserfolgen und dem Anspruch, noch mehr zu üben.

Die Mutter muss Mutter bleiben

Je nachdem, wie das Kind seine eigene Lehrerin (oder seinen Lehrer) in der Schule erlebt, wird es der Lehrerrolle an sich schon offener oder aber kritischer gegenüberstehen. Aber selbst bei positiver Beziehung zur eigenen Lehrerin ist für das Kind die Welt nicht in Ordnung, sobald die Mutter nun auch noch zur Lehrerin wird.

Überwinden kann man diese Schwierigkeit am ehesten, wenn die Mutter auf jeden Fall deutlich macht, dass sie die Mutter bleibt und eine partnerschaftliche Haltung einnimmt: „Wir wollen es gemeinsam schaffen" und „du sagst mir, wenn ich dir helfen soll" sind geeignete Grundsätze, die den Rollenkonflikt vermeiden helfen.

Diese Vereinbarung dient wiederum dazu, das Kind möglichst zum selbstständigen Arbeiten zu führen. Aber, wenn Legasthenikern etwas schwer fällt, brauchen sie doch die Nähe der Mutter. Sie muss während der Schulaufgaben und der zusätzlichen Übungen in der Nähe anwesend sein und auf Fragen und Bitten um Hilfe reagieren können. Dass gemeinsame Absprachen in der Form kleiner Verträge – an die sich beide Seiten halten müssen – hilfreich sind, wurde bereits gesagt. Ausführlich befasst sich Firnhaber (1995) mit der Zusammenarbeit von Mutter und Kind.

Weitere Grundsätze für das Üben

Konflikte lassen sich auch vermeiden, wenn von vornherein die folgenden Grundsätze beachtet und entsprechende Vereinbarungen mit dem Kind getroffen werden:

- Das Kind schreibt stets mit Bleistift und es darf Fehler, die es erkennt, sofort korrigieren.
- Mutter und Kind vereinbaren, dass jedes Wort zunächst in Silben gegliedert und deutlich gesprochen wird, und dass es auch beim Niederschreiben mitspricht. (Dadurch können Auslassungen in der Regel vermieden werden).
- Fehler, die immer wieder vorkommen (z. B. Verwechslungen von b-d-g) werden dem Kind nicht vorgeworfen. Der „Bösewicht" ist der Bleistift, der macht, was er will!
- Zur Vermeidung solcher besonderen Fehler benutzen wir unsere „Eselsbrücken" (s. o.)
- Am Ende der Übungen bzw. Diktate sieht nicht die Mutter, ob nun alles richtig ist, sondern das Kind! Es darf auch selber zählen, wie viele Wörter es richtig geschrieben hat.

Als wichtigstes Ziel im Umgang mit dem legasthenischen Kind sollte die Mutter im Auge behalten, dass es möglichst selbstständig werden soll, auch im Umgang mit seinen Fehlern. Dem Kind helfen, sich selbst zu helfen und das mit Phantasie und Fehlerpflaster – auch im übertragenen Sinn! – wird am ehesten zu diesem Ziel führen.

6. Mit der Schule reden

Elternhaus und Schule sind zwei verschiedene Lebensräume, aber es ist ein und dasselbe Kind, mit dem Eltern und Lehrer zu tun haben. Beide wollen in der Regel sein Bestes. Nur die Ansichten darüber, was für das Kind das Beste sei, gehen manchmal auseinander. Das gilt besonders dann, wenn die Schule in Bezug auf Legasthenie keine ausreichenden oder falsche Informationen hat. Die Kinder mit guten Lernvoraussetzungen einerseits, aber einer Lese-Rechtschreibschwäche andererseits, sind nach wie vor im Regelschulsystem nur schwer einzuordnen.

Obwohl die Absichten vieler Lehrer und der Schulbehörden heute mehr als früher dahin gehen, allen Schülern mit Lernproblemen rechtzeitig und angemessen zu helfen, kann es im Einzelfall immer noch schwer sein, sich mit einem Lehrer über die Legasthenie eines Kindes zu verständigen. Zwar ist die Notwendigkeit der *Förderung* von Schülern mit Lese-Rechtschreibschwierigkeiten heute bei Lehrern und Schulbehörden nicht mehr strittig, auch wenn die Praxis dieser Einsicht noch bei weitem nicht entspricht. Doch stellt der *Notenschutz* als eine Stützmaßnahme der Förderung, ohne den sie nicht gelingen kann, manche Lehrer immer noch vor ein ernstes Problem. Sie fühlen sich aufgrund der Zensierungsbestimmungen und Versetzungsrichtlinien zur *formalen* Gleichbehandlung aller Kinder verpflichtet.

Nun ist blinde Gleichbehandlung für alle Schüler nirgendwo in den Zensierungs- und Versetzungsbestimmungen der Bundesländer ohne Einschränkung verankert. Vielmehr wird überall darauf hingewiesen, dass Lehrer zu pädagogisch begründeten Ermessensentscheidungen unter Berücksichtigung der besonderen Situation oder spezieller Probleme eines Kindes verpflichtet sind. Eltern werden daher in Gesprächen mit Lehrern zunächst versuchen müssen klarzumachen, welches denn die besondere Situation dieses Kindes sei.

a) Verständnis für Fehler und Lernprobleme wecken

Wie sich aus den Briefen von Müttern und aus mündlichen Berichten von Eltern ergibt, stehen sie oft vor der Schwierigkeit, ihre eigenen Einsichten in den Sachverhalt Legasthenie der Schule zu vermitteln, die ihrerseits meint, die richtige Sichtweise zu vertreten.

Am ehesten wird man auch bei wenig informierten Lehrern Verständnis für die Probleme des Kindes wecken können, wenn man über solche Unterlagen miteinander spricht, die in der Schule vorliegen bzw. die von den Lehrern selbst erstellt worden sind. Dazu gehören die Zeugnisse, darin vor allem die schriftlichen Bemerkungen, ferner schriftliche Beurteilungen oder Bemerkungen unter Klassenarbeiten.

Eltern sollten in jedem Fall den Lehrern ihre Bereitschaft zur Mitarbeit deutlich machen. „Wie können wir Ihre Bemühungen um die Förderung des Kindes am besten unterstützen“ ist eine Frage, die Lehrer in ihrem Wissen und Können nicht in Frage stellt und zu gemeinsamer Blickrichtung führt.

Auf Leistungsdiskrepanzen hinweisen

Als besonders hilfreich hat sich erwiesen, aus den bisher erteilten Zeugnissen eine Notentafel zusammenzustellen. Stärken und Schwächen des Kindes gehen in der Regel daraus hervor. Aber auch die Entwicklung einzelner Leistungen, z. B. das Absinken der Mathematiknote im Verlauf der zweiten oder dritten Klasse, lässt sich an der Notentafel (S. 93) gut ablesen.

Man kann damit z. B. auch darauf aufmerksam machen, dass die Deutschnote „ausreichend“, wenn sie unter Berücksichtigung mangelhafter Rechtschreibung, aber bei guten Aufsatznoten (vor allem für inhaltliche Leistungen) erteilt worden ist, eigentlich eine Diskrepanz verdeckt.

Deutlicher findet sich diese Diskrepanz zwischen guten sprachlichen und inhaltlichen Leistungen und einer hohen Fehlerzahl in den Teilzensuren der Aufsätze bzw. in den schriftlichen Bemerkungen unter den Aufsätzen. Auch in Bezug auf diesen Sachverhalt ist den Eltern zu empfehlen, Aufsatz- und Diktathefte und sonstige schriftliche Unterlagen zu kopieren, um für Gespräche mit Lehrern in höheren Klassenstufen auf Belege zurückgreifen zu können.

Notentafel von Martin:

	Kl. 5		Kl. 6		Kl. 7		Kl. 8		Abschluß-zeugnis
Deutsch	4	4	4	4	4	4	4	4	4
Englisch	4	4	5	5	5	5	4	4	4
Mathemathik	2	2	2	2	2	2	2	2	2
Geschichte	–	–	2	2	2	2	3	2	2
Erdkunde	2	2	2	2	2	2	3	3	3
Biologie	2	2	2	3	2	2	3	3	3
Physik	–	–	–	–	2	2	2	2	2
Werken	–	–	–	–	1	1	2	2	–
Computer-AG					2	2	3	3	

Erläuterung:
- Schwer ausgeprägte Legasthenie bei relativ hoher technisch-konstruktiver Intelligenz
- Zeugnisse der Hauptschulzeit (ohne Wirtschaft/Politik, Kunst und Sport, in denen nur Zweien und Dreien vorkamen)
- Positive Leistungsentwicklung in allen nicht-sprachlichen Fächern

Entmutigung verhindert gute Aufsätze

In einer Reihe von Fällen aber haben die Kinder Schwierigkeiten auch beim Aufsatzschreiben, weil sie wegen ihrer vielen Rechtschreibfehler das Schreiben überhaupt scheuen. Sie bekommen nur wenige dürftige Sätze zu Papier. Das wird ihnen dann leicht als Faulheit oder Unvermögen ausgelegt.

Damit die Diskrepanz in einem solchen Fall erkannt werden kann, ist es nötig, das Kind seinen Aufsatz frei erzählen zu lassen. Nach einem Gespräch mit der Mutter erlaubte die Lehrerin einem Legastheniker, seinen Aufsatz auf eine Kassette zu sprechen. Die Mutter durfte den Text dann nach dem Tonband aufschreiben. Der Aufsatz gelang so gut, dass der Junge eine gute Note erhielt. Dadurch ergab sich ein erfreulicher Aufwärtstrend in allen seinen Schulleistungen!

Probleme im Fach Mathematik erkennen

Dass bei dem Kind anfangs relativ gute Leistungsmöglichkeiten neben einer Lernbehinderung für das Lesen- und Schreibenlernen vorgelegen haben, wird in Zeugnissen der ersten Klassen eher nachzuweisen sein als nach mehreren Schuljahren. Eine der deutlichsten Diskrepanzen, nämlich die bessere Mathematiknote im Vergleich zur Rechtschreibung, kann sich aus verschiedenen Gründen allmählich verwischen. Ebenso können bessere Noten in Sachfächern später absinken. Daher ist es wichtig, das Gespräch mit der Schule früh zu suchen!

Wenn die Mathematiknote „befriedigend" bis zum Ende der zweiten oder dritten Klasse noch erhalten geblieben ist, dann aber abzusinken beginnt, sollte man im Gespräch mit dem Klassenlehrer und dem Mathematiklehrer nach den Ursachen suchen. Schwache Rechenleistungen können denjenigen irritieren, der einen Zusammenhang zwischen Legasthenie und Problemen in Mathematik nicht ohne weiteres herstellen kann.

Am besten geht man gemeinsam mit der Lehrkraft die Rechenarbeiten durch, um zu sehen, ob das Kind zwar überwiegend richtig gerechnet, aber die letzten Aufgaben nicht mehr geschafft hat, oder ob die Textaufgaben die eigentliche Hürde darstellen!

Lesefehler als Hürde für Textaufgaben

Früher nahm man in der Schule an, dass die Fähigkeit, aus Textaufgaben die entsprechende Rechenaufgabe herauszuarbeiten, ausschließlich eine Sache der Intelligenz sei. Zahlenrechnen galt als „mechanische" Leistung, die auch unbegabten Kindern gelingen kann. Bei solchen Auffassungen würde selbst eine Diskrepanz zwischen Zahlenrechnen und Textaufgaben in den Rahmen einer Legasthenie nicht einzuordnen sein.

Bei einem Legastheniker aber muss man davon ausgehen, dass er wegen seiner Unsicherheiten beim Lesen die Textaufgaben nicht in der vorgegebenen Zeit oder überhaupt nicht lösen kann.

Auch in diesem Fall stellt der Kassettenrekorder eine wichtige Hilfe dar. Einsichtige Lehrer sind durchaus dafür zu gewinnen, einem solchen Kind die Textaufgaben auf ein Band zu sprechen, das es in der Mathematikstunde mit Hilfe eines „Walkman" über Kopfhörer abhören kann. Mitschüler werden dadurch nicht gestört. Der gesprochene Text unterstützt das Kind beim Lesen so, dass ihm sinnentstellende Lesefehler und zeitraubende Wiederholungen des Lesens erspart bleiben und es nicht, wie sonst, in Panik gerät.

Vertauschung von Ziffern: 36 = 63

Während der Grundschulzeit wird außerdem darzulegen sein, zu welchen Rechenfehlern das legasthenische Kind neigt. Wir haben erlebt, wie ein Junge, der alle Aufgaben richtig gerechnet, in den Ergebnissen aber die Ziffernfolge vertauscht hatte, von seiner Lehrerin alle diese Aufgaben als

Fehler angerechnet bekam. Innerhalb von kurzer Zeit sank er, der vorher ein guter und sicherer Rechner war, auf die Mathematiknote „mangelhaft“ ab.

Dies ist eigentlich ein relativ harmloses Problem, sofern eine Lehrkraft es erkennt. Die Mutter konnte im Gespräch mit der Lehrerin auf diese Fehler und ihre Ursache aufmerksam machen. Diese ließ sich dafür gewinnen, hinter jedes umgestellte Ergebnis das Zeichen für „richtig“ zu setzen, dann aber die Zahl in der richtigen Ziffernfolge selbst danebenzuschreiben. So wurde dem Jungen das Problem deutlich, ohne dass er das Gefühl haben musste, seine Lehrerin halte ihn für einen schlechten Rechner!

Belege für den Fleiß des Kindes sammeln!

Wichtig ist auch, dass die Eltern der jeweiligen Lehrkraft nachweisen, auf welche Art und wie viel sie zu Hause mit dem Kind üben. Dafür sind von den täglichen, 15 Minuten dauernden Übungen, alle Belege, d. h. Übungsblätter oder ein entsprechendes Heft, zu sammeln und zum Eltern-Lehrer-Gespräch mit in die Schule zu nehmen. Der Nachweis, wie wenig ein Kind trotz seines Fleißes im Lesen oder Rechtschreiben erreichen kann, verhilft der Lehrkraft manchmal eher zum Verständnis dafür, was Legasthenie bedeutet, als ein Lehrbuch!

Die erste Fremdsprache

Nach dem Eintritt in weiterführende Schulen bekommen die Legastheniker häufig sehr bald mit der ersten Fremdsprache – in der Regel Englisch – Schwierigkeiten. Das hängt vor allem damit zusammen, dass Schreibung und Aussprache noch weniger als im Deutschen übereinstimmen. Lautgetreues Schreiben führt nicht zum Erfolg.

Erste Misserfolge erlebt der Schüler schon bei Vokabelarbeiten. Aus einer unzulänglichen Vokabelarbeit werden uninformierte Lehrer meist auf mangelnden Fleiß schließen. Daher sollte man die Zettel von den zu Hause durchgeführten Vokabelübungen und notfalls auch ein Tonband darüber in die Schule mitnehmen. Die Lehrkraft wird dann erkennen, dass die mangelhaften Leistungen keinesfalls auf fehlenden Fleiß zurückzuführen sind. Sie können aber auch Hinweise für Verbesserungen der Übungen geben.

Möglicherweise wird der Lehrer auch erkennen, dass das Kind sich die Vokabeln sehr wohl angeeignet hat, aber an den Schreibungen noch scheitert. Aus dieser Einsicht kann die Bereitschaft erwachsen, in einer Vokabelarbeit in der Schule das richtig getroffene Wort als „gelernt“ zu werten, ungeachtet einer fehlerhaften Schreibung.

Klassenarbeiten in anderen Fächern

In den meisten Bundesländern gibt es die Anweisung, dass die Rechtschreibleistung in den Arbeiten der Sachfächer nicht mitbewertet werden darf; aus der Elternberatung wissen wir, dass dies vielen Lehrern nicht bekannt ist. Diese Anweisung gilt allerdings in einigen Bundesländern nur während der Grundschulzeit. Auf der Studienstufe ist sie in allen Bundesländern aufgehoben. Da soll die Rechtschreibung in jeder schriftlichen Arbeit, auch in den Sachfächern, mitbewertet werden. Dies stellt zweifellos eine besondere Härte für Legastheniker dar, nämlich eine „Mehrfachbestrafung" für Schwächen, die sie zwar zum Teil kompensieren, aber nicht generell überwinden können.

Selbst wenn man in der Pädagogik die mangelhafte Rechtschreibung dieser Schüler als ein moralisches Vergehen werten würde (es hat den Anschein, als ob mindestens Schulbehörden dies tun), dann dürfte, wie nach allgemeinem Rechtsgrundsatz, ein solches „Vergehen" nur einmal bestraft werden, und nicht in jedem Fach erneut. Offenbar ist die blinde Justitia barmherziger als die Nachfahren Pestalozzis.

Dennoch sind einsichtige Lehrer in allen Schulstufen darauf ansprechbar, dass die eigentliche Leistungsfähigkeit des legasthenischen Kindes nicht mehr sichtbar wird, sofern seine Rechtschreibleistung auch in den Sachfächern über „richtig" oder „falsch" entscheiden soll! Wir kennen z. B. eine Geographie-Arbeit, in der der Schüler von 34 Punkten 32 erreichen konnte, wenn nur die Antworten und nicht die Schreibungen gezählt hätten. Da von den 32 geographischen Begriffen, die er wusste, 16 nicht richtig geschrieben waren, erhielt er die Endnote „mangelhaft"!

In einem solchen Fall kann das Gespräch mit der Fachlehrkraft und einem Lehrer, der an der Schule für Legastheniker zuständig ist, zu einer Änderung der Note führen. Dies dürfen Lehrer tun, ohne ungerecht zu sein, weil ihre Entscheidung mit pädagogischem Ermessen zu begründen ist. Davon abgesehen, entspricht es dem inhaltlichen Anspruch von Leistungsmessung, dass in Sachfächern ausschließlich die Sachleistung bewertet wird. Andernfalls würde die Rechtschreibung zum einzigen messbaren Inhalt schulischen Lernens erhoben! Das kann im Ernst niemand wollen!

Sollte ein Gespräch mit der betreffenden Lehrkraft nicht zum Erfolg führen, ist es sinnvoll, mit der Bitte um Vermittlung an den Schulleiter heranzutreten.

b) Schullaufbahnfragen lösen

Insbesondere gibt es zwei Zeitpunkte in der Schullaufbahn eines legasthenischen Kindes, zu denen die Meinungen hart aufeinander stoßen können: das Ende der ersten und das der vierten Klasse. Sollte eine Klassenwiederholung oder die Versetzung in eine Schulform mit niedrigerem Anforderungsniveau anstehen, sind folgende Überlegungen von größter Wichtigkeit:

- Es ist genau und wiederholt zu prüfen, ob mit der bevorstehenden Maßnahme für den Schüler keine inhaltliche Unterforderung verbunden sein wird. Die Auswirkungen auf Selbstwertgefühl, Selbstvertrauen und Leistungsmotivationen wären genau so negativ wie die einer Überforderung. Darüber wird zu wenig nachgedacht.
- Bevor man mit dem Schüler selbst über die anstehende Entscheidung spricht (und das muss unbedingt geschehen!), soll man genau bedenken, mit welchen Argumenten man dies tun will. Er darf keinesfalls das Gefühl vermittelt bekommen: „Meine Eltern halten mich auch nicht für begabt genug für den Besuch des Gymnasiums (der Realschule, der Hauptschule)". Auch, wenn eine solche Entscheidung im Interesse des Schülers sinnvoll erscheint, darf nicht der Eindruck der Abstufung oder gar Erniedrigung erweckt bzw. verstärkt werden.

Wiederholen oder aufsteigen?

Am Ende der ersten oder in der ersten Hälfte der zweiten Klasse stellt sich häufig heraus, dass das legasthenische Kind nicht lesen gelernt hat. Den schulrechtlichen Bestimmungen zufolge empfiehlt die Klassenkonferenz dann den Eltern, das Kind in die neue erste Klasse zurückzugeben, damit es am Leselehrgang ein zweites Mal teilnehmen kann.

Diese Empfehlung kann dem Kind angemessen, sie kann aber auch ganz falsch sein. In die Entscheidung der Eltern sollten folgende Überlegungen mit einfließen: ist das Kind sehr jung eingeschult worden? Wie steht es im Fach Mathematik und den Sachfächern? Hat es feinmotorische Schwierigkeiten?

Da die meisten legasthenischen Kinder, wenn sie nicht lesen gelernt haben, doch viele ihrer Fibelseiten auswendig hersagen können, würden sie im erneuten Leselehrgang auf diese „bewährten" Leistungen zurückgreifen und wiederum nicht lesen lernen. Stellt sich das Kind außerdem als guter Rechner dar, darf einer Klassenwiederholung auf keinen Fall zugestimmt werden! Die psychischen Probleme des Kindes, das sich durch den Eintritt in die neue erste Klasse degradiert fühlt, wären größer als der Gewinn durch die Wiederholung des Schuljahrs!

Aufsteigen mit speziellen Hilfen

Die Eltern sollten vielmehr anregen, dass ihr Kind in der ersten Hälfte der zweiten Klasse durch eine speziell ausgebildete Fachkraft (in der Regel werden dies Sonderschullehrer sein) ein intensives Lesetraining erhält, so dass es in der zweiten Klasse allmählich auch beim Lesen mithalten kann. Wenn die Schule keinen speziell ausgebildeten Lehrer für eine solche Förderung hat, müssten die Eltern außerschulisch Hilfe suchen und das Kind zum Zweck außerschulischer Förderung gegebenenfalls sogar für einige Wochen vom Schulunterricht befreien lassen. Eine Wiederholung der ersten Klasse erscheint aus heutiger Sicht nur sinnvoll, wenn das Kind eine Frühgeburt war und im Einschulungsalter eine gewisse Zeit der Nachreifung braucht, oder wenn es zu den jüngsten Kindern der Klasse gehört, oder wenn es in allen Leistungen sehr langsam bzw. minderbegabt ist.

Sonderschuleinweisung – nicht bei Legasthenie!

In diesem Zusammenhang ist auch die Frage nach der Einweisung in die Sonderschule für Lernbehinderte anzusprechen. Diese Schulart beginnt mit dem Leselehrgang erst in der dritten Klasse und dehnt ihn auf zwei Schuljahre aus. Für manchen Grundschullehrer erscheint es vor allem unter diesem Aspekt sinnvoll und hilfreich, ein legasthenisches Kind mit schwerem Leselernversagen in die Sonderschule zu geben. Dieser Vorschlag wird den Eltern vor allem gemacht, wenn das Kind bereits mehrere Schuljahre gescheitert ist.

Abgesehen davon, dass es eigentlich nicht so weit kommen dürfte, weil ja die Grundschule verpflichtet ist, leseschwachen Kindern durch spezielle Förderung wirksam zu helfen, zeichnet sich in einem solchen Vorschlag allzu deutlich das Denken der alten, ausleseorientierten Schule ab. Danach kann ein leseschwacher Schüler nur minderbegabt sein und für solche Kinder ist die Sonderschule da!

Grundsätzlich ist von einer Sonderschuleinweisung bei Legasthenikern abzuraten. Zwar sind die Grundschulen weithin noch nicht in der Lage, in Fällen schweren Leselernversagens erfolgreich zu helfen. Doch gibt es vermehrt Beispiele für einen gezielten Leseaufbau durch entsprechend geschulte Sonderschullehrer, die dafür in die Grundschule abgeordnet werden. Auf einer solchen Hilfe sollten die Eltern im Interesse ihres Kindes bestehen.

Nur im Ausnahmefall könnten sie einer vorübergehenden Aufnahme in die Sonderschule zum Zwecke des Lesenlernens zustimmen. Sie sollten sich aber vorher eingehend von beiden Schulen und zusätzlich von einem unabhängigen Gutachter beraten lassen. Diesen finden sie in der Regel in kinderpsychiatrischen oder kinderneurologischen Abteilungen von Kliniken, manchmal auch im Schulpsychologischen Dienst oder über den Bundesverband Legasthenie. Für die Beratung durch frei arbeitende Diplom-Psychologen entstehen Kosten, die die Eltern leider selbst tragen müssen.

Wichtig ist in diesem Fall eine schriftliche Zusicherung der Sonderschule, dass sie das Kind nach einem, spätestens zwei Schulbesuchsjahren wieder an die Grundschule zurückgeben wird.

Unterforderung schadet mehr als eine Leseschwäche

Unterforderung ist für die Leistungs- und Persönlichkeitsentwicklung eines Kindes meist von großem Schaden! Dies gilt vor allem dann, wenn dieses Kind schon begonnen hat, sich für „dumm" zu halten. Es verliert seine Arbeitshaltung, weil es alle Anforderungen spielend erfüllen kann. Wegen der niedrigen Anforderungen verstärkt sich bei ihm aber auch der Eindruck, man traue ihm nichts zu.

Nicht zuletzt ist zu bedenken, dass ein gut begabtes, rasch auffassendes und an Problemlösungen interessiertes Kind in der Sonderschulklasse keine gleich gearteten Kameraden findet. Seine Lese- und Rechtschreibprobleme dagegen können innerhalb der Grundschule (oder der Hauptschule) durch speziellen Unterricht und Notenschutz weitgehend gemildert werden. Fehlen Möglichkeiten speziellen Unterrichts, so ist eine außerschulische Förderung der Sonderschuleinweisung in jedem Fall vorzuziehen.

Wichtig ist hier noch der Hinweis, dass die Eltern sich gegen eine sonderpädagogische *Überprüfung* des Kindes nicht wehren können. Sie sollten diese Situation jedoch zu einem ausführlichen Gespräch mit dem prüfenden Sonderschullehrer nutzen. Gegen die Einweisung in eine Sonderschule für Lernbehinderte können und sollten sie sich wehren. Dagegen kann der Besuch einer Sprachheilschule sehr hilfreich sein. Sprachheilgrundschulen aber sind Grundschulen.

Übergang in weiterführende Schulen

Am Ende der Grundschulzeit stehen die Grundschullehrer vor der Aufgabe, Eltern für die weitere Schullaufbahn ihrer Kinder zu beraten. Falls der Übergang in eine Gesamtschule vorgesehen ist, fallen zunächst keine endgültigen Entscheidungen, so dass die Eltern vielleicht weniger Probleme haben. Sollen sie dagegen zwischen Hauptschule, Realschule und Gymnasium wählen, hat diese Entscheidung schon mehr Gewicht.

In den meisten Fällen können die Eltern dem Urteil der Lehrer vertrauen. Das gilt vor allem dann, wenn eine Lehrkraft die betreffende Klasse über wenigstens drei Jahre hinweg geführt hat und das Kind ausgeglichene (mittlere oder überdurchschnittliche) Leistungen zeigt. Bei einem legasthenischen Kind aber muss wiederum abgewogen werden: Wird es wegen der Rechtschreibung überfordert, in anderen Leistungen unterfordert sein?

Grundsätzlich sollte eine Schulart gewählt werden, der die Lernvoraussetzungen des Kindes entsprechen, ohne Berücksichtigung seiner Rechtschreibleistung. Hat es aber noch schwerwiegende Probleme beim Lesen oder liegt seine Rechtschreibung weit unter der Anforderung, die von Schülern am Ende der 4. Klasse erfüllt werden kann, dann sollte man statt des Gymnasiums die Realschule, statt der Realschule die Hauptschule wählen.

In allen drei Schularten stehen dem einen Hauptfach Mathematik (aus der mathematisch-naturwissenschaftlichen Fächergruppe) zwei sprachliche Hauptfächer gegenüber (Deutsch und Englisch bzw. Latein oder Französisch). Nach den Klassen 5 und 6 verschiebt sich dieses Verhältnis mit drei sprachlichen Hauptfächern gegenüber Mathematik noch mehr zu Ungunsten der Legastheniker.

Mit den Grundschullehrern sollte daher gemeinsam beraten werden, ob das Kind die sprachlichen Hürden durch bessere mündliche Leistungen wird nehmen können, oder nicht. In der Realschule kann in manchen Ländern die zweite Fremdsprache zugunsten eines mathematisch-naturwissenschaftlichen Faches abgegeben werden. Man sollte sich auch erkundigen, ob es in erreichbarer Nähe des Wohnorts ein Gymnasium mit naturwissenschaftlichem Schwerpunkt gibt. Jede Schule, in der die sprachlichen Anforderungen zugunsten der Sachfächer zurücktreten, ist für Legastheniker vorzuziehen.

c) Schulrechtliche Bestimmungen

In der Bundesrepublik hat jedes Land eigene Kulturhoheit. Das bedeutet, dass schulrechtliche Bestimmungen sich von Land zu Land erheblich unterscheiden können.

Die meisten Länder folgen in ihren Regelungen für Legastheniker den Empfehlungen der Kultusministerkonferenz. Neben diesen Bestimmungen haben aber auch die Grundschulrichtlinien große Bedeutung, weil darin der Verzicht auf Noten während des ersten, in einigen Ländern auch des zweiten Grundschuljahrs geregelt ist. Ferner gibt es Zensierungs- und Versetzungsbestimmungen, die sich für Legastheniker günstiger oder weniger günstig auswirken können.

Allen Legasthenikereltern ist dringend zu empfehlen, sich über den Elternbeirat, über die Pressestelle ihres Kultusministeriums oder den Bundeselternrat die entsprechenden Unterlagen zuschicken zu lassen und sich vor den Gesprächen mit der Schule ausführlich zu informieren:

- Grundschulrichtlinien des Landes,
- Zensierungs- und Versetzungsbestimmungen,
- Erlass und Richtlinien zur Förderung von Schülern mit Lese- Rechtschreibschwäche,
- Oberstufen- oder Studienstufen-Verordnung (für die 11.–13. Klasse des Gymnasiums),
- gegebenenfalls die Abiturprüfungsverordnung.

Die Texte dieser Bestimmungen können etwas verwirrend sein, weil sie erstens vieles regeln, was die Eltern nicht betrifft und zweitens von Juristen verfasst sind, die sich in der Sprache der Ministerien ausdrücken. Verständnishilfen und Hinweise auf die entscheidenden Punkte finden die Eltern beim Bundesverband Legasthenie (BVL), Königstr. 32, 30175 Hannover, oder bei seinen Unterverbänden. Die Adressen können in der Geschäftsstelle des BVL in Hannover erfragt werden.

V. Legasthenie in der Bildungspolitik

1. *Die Empfehlungen der Kultusministerkonferenz (KMK)*

Die meisten Bundesländer haben in ihren Erlassen „Zur Förderung von Schülern mit Lese-Rechtschreibschwäche" die Empfehlungen der Kultusministerkonferenz vom 20.4. 1978 zugrundegelegt. Diese Empfehlungen setzten damals das um, was aus dem wissenschaftlichen Streit um die Legasthenie am plausibelsten erschien: alle Kinder müssen in der Grundschule lesen lernen! Da an besondere Schwächen in den Leselernvoraussetzungen nicht gedacht wurde, erschien es ausreichend, für schwache Leser und Rechtschreiber ein „zusätzliches Rechtschreibtraining" vorzusehen, das der Deutsch- oder Klassenlehrer durchführen sollte. Bis zum Ende der 4. Klasse sollte dadurch jede Lese- Rechtschreibschwäche behoben sein.

In diesen Empfehlungen stand die diskrepante Begabung legasthener Kinder nicht im Blick und daher auch nicht die Frage begabungsgerechter Schullaufbahnen. Schlimmer wirkte sich aus, dass Lehrkräfte aller Schularten aus den Empfehlungen den Eindruck ableiteten, so etwas wie Legasthenie, d. h. Fälle diskrepanter Begabungen, gebe es nicht. Auch von Hochbegabten war in der Bildungspolitik wie in der Pädagogik damals noch nicht die Rede.

Inzwischen hat der Freistaat Bayern einen neuen Legasthenie-Erlass in Kraft gesetzt, der die Legasthenie als einen spezifischen, neuropsychologisch begründeten Fall von Lese-Rechtschreibschwierigkeiten versteht und die betroffenen Schülerinnen und Schüler nach einer Diagnose durch Kinder- und Jugendpsychiater schulrechtlich anerkennt. Die erklärte Absicht ist, ihnen zu einer ihren Begabungen entsprechenden Schullaufbahn zu verhelfen. Als Nachteilsausgleich für ihre partielle Lernbehinderung wird ihnen Notenschutz gewährt (keine Mitbewertung der Rechtschreibung in schriftlichen Arbeiten aller Fächer), und zwar – in begründeten Fällen – bis zum Abitur! Außerdem sollen sie mehr Zeit für schriftliche Arbeiten erhalten und, so weit dies nötig ist, auch technische Hilfen wie ein Laptop, ein vom Lehrer besprochenes Tonband mit Aufgabenstellungen, die der Schüler dann nicht erlesen muss, u. a. mehr.

Zurzeit gibt es bei der KMK eine Arbeitsgruppe, die neue Empfehlungen für alle Bundesländer ausarbeiten soll. So ist zu hoffen, dass ein Legastheniker, wenn seine Familie von einem Bundesland in ein anderes umziehen muss, zukünftig überall gleich angemessene schulische Bedingungen vorfinden wird; denn hier geht es um die Gleichbehandlung von Gleichen! Hinzu kommt, dass man heute auch Hochbegabte im Schulsystem berücksichtigen will. Unter ihnen finden sich häufig diskrepante Begabungen und auch eine Gruppe von Legasthenikern auf hohem Begabungsniveau.

2. Welche Hilfen im Schulsystem werden legasthenischen Kindern gerecht?

In den Empfehlungen der Kultusministerkonferenz von 1978 wird die Zielsetzung der schulischen Maßnahmen unter Punkt 1 folgendermaßen beschrieben:

„Das Lesen und Schreiben zu lehren gehört (…) zu den Hauptaufgaben der Grundschule und es ist ihre pädagogische Aufgabe, dafür zu sorgen, daß möglichst wenige Schüler gegenüber diesen Grundforderungen versagen."

Diese erste und allgemeine Aufgabe der Grundschule reicht aber nicht aus, um allen Kindern mit fortbestehenden Rechtschreibschwächen am Ende der Grundschulzeit Schullaufbahnen zu ermöglichen, die ihren allgemeinen Lernmöglichkeiten entsprechen. Rechtschreibschwierigkeiten sind nach wie vor der häufigste Grund für die Deutschnote 5 und für allgemeines Schulversagen in Realschulen und Gymnasien trotz an sich ausreichender Intelligenz. Wünschenswert ist daher eine Ergänzung der Zielsetzung für die Grundschule durch Formulierungen, wie sie im Erlass von Schleswig-Holstein gefunden wurde:

„Die nachfolgenden Bestimmungen (...) haben das besondere Ziel, die vorhandenen Begabungen zu entwickeln, den Schülern eine ihrem individuellen Leistungsvermögen angemessene Schullaufbahn zu ermöglichen und die Lese-Rechtschreibschwierigkeiten bzw. Lese-Rechtschreibschwäche (Legasthenie) im Laufe der Schulzeit durch entsprechende Hilfen weitgehend zu beheben."

Erst beide Zielsetzungen gemeinsam vermitteln den Schulen das notwendige Problemverständnis. Sie stärken die Erwartung, dass es lese-rechtschreibschwache Schüler gibt, deren neurobiologische Schwächen über die Grundschulzeit hinaus fortbestehen. Damit kann sich das Verständnis verbinden, dass man diesen Schülern mit spezifischen Methoden helfen muss, beim Erlernen des Lesens und Schreibens ihre Schwächen zu kompensieren. Mit diesen Zielsetzungen ist zugleich ausgesagt, dass die betroffenen Kinder nicht „allgemein schwach leistungsfähig" (dumm) und nicht faul sind, auch wenn ihre Lese- und Rechtschreibleistung sich nur langsam bessert.

Unter der Voraussetzung eines solchen Problemverständnisses müssen nur wenige konkrete Regelungen gefunden werden.

a) Früherfassung und Förderung in der Grundschule

Die Grundschule kann ihre Aufgabe nicht erfüllen, wenn sie nicht spätestens am Ende der ersten Klasse feststellt, welche Kinder das Ziel, lautgetreue Wörter selbständig und fehlerfrei zu erlesen und aufzuschreiben, noch nicht erreicht haben. Mit einer Diagnostischen Bilderliste können diese Kinder erkannt werden. Nötig sind dann allerdings, entsprechend dem Schweregrad des Versagens, gestufte Hilfen:

- Förderung innerhalb der eigenen Schule in einer *Kleingruppe*, in der mindestens dreimal pro Woche mit Lautgebärden zunächst mit zweisilbigen lautgetreuen Wörtern ohne Dehnung, Dopplung und Konsonantverbindungen das Lesen aufgebaut wird.
- Wenn deutlich wird, dass diese Hilfe nicht ausreicht oder bereits aus der Bilderliste ein erheblicherer Schweregrad zu erkennen ist, sollten für diese Kinder *Intensivmaßnahmen* von drei bis sechs Monaten eingerichtet werden. Die Kinder besuchen diese Maßnahmen gastweise und kehren danach in ihre Klasse zurück.
- Schüler, die in einer Intensivmaßnahme nicht einen durchschnittlichen Leistungsstand (mindestens Prozentrang 25) erreichen konnten, bedürfen einer längerfristigen intensiven Förderung, wie ihn nur die *LRS-* oder *Lese-Klasse* bieten kann. Die Gefahr, dass diese Kinder in ihrer eigenen Klasse auf dem unterdurchschnittlichen Leistungsstand stehen bleiben, den sie am Ende der Intensivmaßnahme erreicht haben, ist zu groß. Ohne weitere intensive Förderung verlassen sie nach unseren Erfahrungen die Schule als funktionale Analphabeten, denn das Lesenlernen sehen die Stoffpläne der Grundschulen und der weiterführenden Schulen nach der zweiten Klassenstufe nicht mehr vor.

b) Förderung während der Grundschulzeit

Haben legasthenische Schüler das Lesen erlernt, reicht eine Förderung der Rechtschreibung in einer Kleingruppe aus. Allerdings sollte in dieser Förderung das gedehnte, silbenweise Mitsprechen beim Schreiben eingeübt werden (Hackethal 1995; Reuter-Liehr 1992). Zudem ist ein stufenweises Vorgehen nötig: zunächst lautgetreue Wörter ohne Dehnung und Dopplung, dann Einüben von Ableitungen, danach Dopplung und Dehnung.

Erfolge in der Förderung müssen durch den Notenschutz begleitet und gestützt werden. Das heißt: Zu viele Rechtschreibfehler dürfen im Aufsatz, bei der Festsetzung einer Deutsch-Note und in anderen Fächern nicht mitbewertet werden.

c) Hilfen zur Sicherung der Schullaufbahnen

Sofern während der Grundschulzeit am Ende eines jeden Schuljahres Überprüfungen der ungeübten Rechtschreibung vorgenommen werden (in der Regel durch Rechtschreibtests), zeigen sich zunehmend legasthenische Kinder, die zwar lesen gelernt haben und die auch in den Rechtschreibtests nicht die schwächsten Leistungen erreichen, die aber aufgrund ihrer sonstigen Schulleistungen für eine Realschule oder ein Gymnasium geeignet erscheinen. Um in diesen Fällen die Schullaufbahn entsprechend der allgemeinen Lernfähigkeit der Kinder zu sichern, sind die folgenden Maßnahmen nötig:

- Intelligenztests als Grobsiebverfahren gegen Ende der 3. Klasse (nicht erst in der 4. Klasse), um im Vergleich mit dem Rechtschreibtest die Schüler herauszufinden, bei denen Rechtschreibung und Intelligenztestergebnis im Sinne einer Legasthenie-Diagnose deutlich unterschiedlich ausfallen. Diese Grobdiagnose sollte in Zweifelsfällen durch Einzeluntersuchungen (vom Schulpsychologischen Dienst oder durch Kinderpsychologen/Kinderneurologen) genauer abgeklärt werden.
- Information der Eltern und der Schüler selbst über die Leistungsdiskrepanzen (bessere Intelligenz – schwächere Rechtschreibleistung) und ihre möglichen Ursachen.
- Rechtschreibförderung dieser „Diskrepanzschüler“ mit den bereits angesprochenen spezifischen Methoden während der 4. Klasse. Notenschutz, d. h. Nichtbewertung der Rechtschreibung in allen schriftlichen Arbeiten, damit die Fachleistungen des Kindes deutlich erkennbar bleiben.

- Zulassung dieser Schüler zu der Schulform, für die ihre Intelligenz spricht. Nach Eintritt in die weiterführende Schule sollte der Notenschutz der Grundschulzeit fortgesetzt werden. Während der 5. und 6. Klasse müsste – für die Schulen verbindlich – weiterhin spezifische Förderung erteilt werden, auch in der ersten Fremdsprache. Nach der 6. Klassenstufe sollten die Schüler gelernt haben, wie sie selbstständig weiterüben können. Da die Schule nun keine Förderstunden mehr erteilt, bleibt der Notenschutz und weitere Hilfen wie Zeitzuschläge und gg. technische Medien, wie Bayern sie vorsieht, die einzigen und daher besonders notwendigen Fördermaßnahmen.

d) Sonderregelung für alle rechtschreibschwachen Schüler der Hauptschule

In den Hauptschulen finden sich überwiegend Schüler mit knapp durchschnittlicher Begabung, die allein aus diesem Grund schwächere Rechtschreibleistungen haben können. Es gehen aber auch legasthenische Schüler in die Hauptschule, sofern nämlich der Schweregrad ihrer Lese- und Rechtschreibschwächen trotz der Förderung während der Grundschulzeit erheblich bleibt. Das trifft vor allem auf Schüler mit schweren Geburtsrisiken zu.

Daher sollten zu schwache Rechtschreibleistungen in der Hauptschule grundsätzlich nicht benotet werden, Hauptschüler – ob sie im engeren Sinne legasthenisch sind oder nicht – können ihre Rechtschreibleistungen nur weiter aufbauen und verbessern, wenn ihre individuellen Fortschritte betont werden und nicht ihr Versagen im Vergleich zum Durchschnitt der Klassenstufe.

e) Zusätzliche Hilfen als Nachteilsausgleich in Realschulen und Gymnasien

Für Legastheniker in Realschulen und Gymnasien, die keine grundlegenden Leseprobleme mehr haben, wohl aber noch unter Genauigkeitsfehlern und verlangsamten Lesetempo leiden können, sind je nach individuellem Bedarf eine Reihe weiterer Hilfen nötig: In diesen Fällen sollten schriftliche Aufgabenstellungen auf ein Tonband gesprochen werden, so dass die Schüler/innen die entsprechenden Texte zugleich lesen und hören können. Dadurch sind Zeitverluste infolge von Lesefehlern und Panik in der Prüfungssituation vermeidbar.

Bei verlangsamtem Schreibtempo, das sich zusätzlich leistungshemmend auswirkt, müsste man betroffenen Schüler/innen erlauben, ihre Arbeiten auf einer elektrischen Schreibmaschine oder einem Laptop zu schreiben.

Wenn mündliche Leistungen deutlich besser gelingen als schriftliche, sollten legasthenische Schüler/innen ihre Aufsätze bzw. Antworten zu schriftlich gestellten Fragen in Sachfächern zunächst auf ein Tonband sprechen dürfen, um anschließend das Tonband abschnittsweise abzuhören und die Texte danach in Schrift zu übertragen.

Nicht zuletzt sollte Legasthenikern der Sekundarstufen I und II im Anschluss an ihre schriftlichen Arbeiten zusätzliche Zeit für die nachträgliche Kontrolle gegeben werden. Auf diese Weise können sie sich zunächst voll den inhaltlichen Problemen zuwenden, um anschließend auf die Formalien wie Satzstellung, Rechtschreibung und Zeichensetzung zu achten. Da sie nicht durchgehend automatisiert schreiben wie andere Schüler/innen ihres Alters, gelingt es ihnen nicht, schon während des Schreibens zugleich die formalen Probleme zu lösen.

3. Schlusswort

Seit 1984, als dieses Buch zum ersten Mal erschien, sind 18 Jahre vergangen. Nachdem sich bereits Ende der 70er-Jahre die Auffassung im Schulsystem durchgesetzt hatte, die Diskrepanzlegasthenie müsse nicht von anderen Lese-Rechtschreibschwächen unterschieden werden, weil ja alle Leseschwachen der Förderung bedürfen, deutet sich heute wieder eine differenziertere Denkweise an: Nicht alle Kinder können auf die gleiche Weise mit nur mehr Übung das Lesen und Schreiben erlernen. Für Legastheniker bedarf es anderer Hilfen, die auf die Kompensation ihrer Schwächen in den Leselernvoraussetzungen ausgerichtet sind.

Es ist zu wünschen, dass die Schulen diesen Gedanken akzeptieren und in den ersten beiden Grundschuljahren das Gewicht auf *spezifische* Förderung im Erstleseunterricht legen. Das lässt sich allerdings nur verwirklichen, wenn Erfolgskontrollen im Leselernprozess durchgeführt werden, und zwar mit Siebungsverfahren, die alle Kinder erfassen. Was die spezifische Förderung betrifft, so ist zu betonen: Was legasthenen Kindern hilft, dient auch Kindern, die aus anderen Gründen im Lesenlernen versagen, zum grundlegenden Aufbau der Lese- und Rechtschreibleistung.

Darüber hinaus aber sollten Lehrkräfte auf diskrepante Leistungen in den ersten Schuljahren aufmerksam sein, d. h. bevor Misserfolgserfahrungen Entmutigung bewirken. Die Schulen sollten das Erscheinungsbild der Legasthenie kennen, um die Schwächen im Kopfrechnen, im Einmaleinslernen und beim Erlesen von Textaufgaben im Fach Mathematik richtig einordnen zu können – als Erschwernisse beim Lernen, die mit der Legasthenie zusammenhängen und nicht auf „Dummheit“ deuten.

Im Verlauf der zweiten oder dritten Klasse ist dann abzuklären – durch Schulpsychologen, Kinder- und Jugendpsychiater oder frei arbeitende Diplompsychologen – wo die Begabungen des Kindes liegen. Das Ziel, die Begabungen eines Kindes zu stärken und zu entwickeln, statt die Rechtschreibfehler „auszumerzen“, sollte künftig mehr Gewicht erhalten. Es geht ja um begabungsgerechte Schullaufbahnen.

Unter diesem Gesichtspunkt können die Hilfen für Legastheniker nicht zugleich eine Benachteiligung der schwächer leistungsfähigen Kinder bedeuten. Förderung der Lese- und Rechtschreibleistung sollte auf allen Klassenstufen und in allen Schularten selbstverständlich sein. Auch der Notenschutz für die zu schwache Rechtschreibung ist unter dem Gesichtspunkt der Gleichbehandlung von Gleichen (nämlich rechtschreibschwacher Kinder ohne Ansehen einer Diagnose) allen Lese-Rechtschreibschwachen zu gewähren. Nur unter dieser Voraussetzung kann jedes Kind in schriftlichen Arbeiten für seine inhaltliche Leistung bewertet werden. Der Bayerische Erlass geht diesen Weg, indem er anerkannten (diagnostizierten) Legasthenikern und anderen Lese-Rechtschreibschwachen den Notenschutz gewährt.

Die Unterscheidung von Schülerinnen und Schülern mit Leistungsdiskrepanzen ist dennoch für Schullaufbahnentscheidungen wichtig. Wer in der Grundschulzeit nach Anfangsschwierigkeiten eine durchschnittliche Rechtschreibung erwirbt und aus Gründen seiner allgemeinen Befähigung eine Hauptschule besucht, wird dort als durchschnittlicher Rechtschreiber keine Probleme mehr haben. Wer aber mit dem gleichen Rechtschreibniveau wegen seiner überdurchschnittlichen Begabungsschwerpunkte ein Gymnasium besuchen soll, dem droht dort ohne die Anerkennung seiner Legasthenie und den Notenschutz in der Rechtschreibung (auch in den Fremdsprachen) das Versagen. Er wird in Diktaten die Noten Fünf und Sechs erhalten. Das Anforderungsniveau in der Rechtschreibung liegt in Gymnasien deutlich höher als in Hauptschulen. Realschulen nehmen in dieser Hinsicht eine mittlere Position ein.

Durch die Forschung über hoch begabte Schulversager, unter denen man auch einen gewissen Anteil von Legasthenikern gefunden hat, bahnt sich mittlerweile eine andere Sichtweise der Legasthenie an: Zwar spielen die Schwächen legasthener Kinder nach wie vor für die Diagnose und die Förderung eine Rolle. Doch im Hinblick auf die Schullaufbahnen blickt man auf die Begabungsschwerpunkte. Unter Hochbegabten sind – wie bei Legasthenikern – Diskrepanzen in der Begabungsstruktur eher die Regel.

So besteht die Hoffnung, dass das Schulsystem zukünftig flexibler *auf die Begabungen der Kinder* reagieren wird, statt aufgrund ihrer Schwächen Schullaufbahnempfehlungen auszusprechen. Vorerst allerdings haben es Eltern noch häufig mit Schulen zu tun, in denen die Aussage „Legasthenie gibt es nicht“ seit mehr als zwanzig Jahren die Einstellung zu diesem Problem bestimmt hat. In Ländern, deren Erlasse jede Form des Versagens im Lesen und Rechtschreiben als Lese-Rechtschreib*schwierigkeiten* zusammenfassen, und die aussagen, dass alle diese Schwierigkeiten durch zusätzliches Rechtschreibtraining bis zum Ende der vierten Klasse behoben sein sollen, wird es weiterhin solche Fälle geben: Ein Schüler, dessen Begabung für den Besuch eines Gymnasiums spricht, ein guter Rechner, wie die Zeugnisse bestätigen, erhält von der Zeugniskonferenz die Schullaufbahnempfehlung „Hauptschule“!

Dabei werden heute Mathematiker, Informatiker, Physiker und verwandte Berufe von der Wirtschaft dringend gesucht. Einem speziell dafür Begabten den Weg in ein Studium zu verwehren, allein wegen seiner Lese- und Rechtschreibprobleme, ist heute weder pädagogisch noch unter dem Aspekt des gesellschaftlichen Bedarfs zu vertreten. Es gibt inzwischen viele erfolgreiche Schullaufbahnen von legasthenen Schülern, die ihren Weg in ein Studium geschafft haben, obwohl die Schulen es ihnen schwer gemacht haben. Die Mütter mussten mit den Lehrkräften immer wieder Gespräche über die Begabungsschwerpunkte der Söhne führen.

Eltern können sich heute auf den Bayerischen Erlass berufen und die Frage stellen, warum legasthene Schüler in den verschiedenen Bundesländern so unterschiedlich behandelt werden? Dürfen in den verschiedenen Bundesländern – unter Berufung auf ihre Kulturhoheit – für ein neurobiologisch, in vielen Fällen erblich vorgegebenes Problem, unterschiedliche Regelungen durchgesetzt werden? Vor allem, wenn diese Regelungen dem Sachverhalt völlig unangemessen sind? Im Artikel 3 des Grundgesetzes, Absatz 3, steht der Satz: „Niemand darf wegen seiner Behinderung benachteiligt werden.“ Der Ausdruck „Behinderung“ gilt auch für die Schwächen der legasthenen Schülerinnen und Schüler.

Angesichts ihre Stärken müsste man das letzte Wort streichen und hinzufügen: „und an der Ausbildung seiner Begabungen gehindert werden“. Das gilt dann auch für hoch begabte Schüler mit und ohne legasthene Schwächen.

VI. Anhang

1. Literaturhinweise

Die nachfolgenden Hinweise beschränken sich auf Bücher mit Aussagen zum Erscheinungsbild der Legasthenie im engeren Sinne, d. h. Leselern- und Rechtschreibschwierigkeiten mit Behinderungscharakter bei sonst besseren Lernmöglichkeiten, und auf solche, die Hinweise auf Methoden und Materialien der Förderung geben.

1. Bücher für Eltern

Dummer-Smoch, Lisa: Spiele I und II zum Kieler Rechtschreibaufbau. (Spiele I: lautgetreue Wörter, Spiele II: Ableitungen, Dopplung und Dehnung). Veris, Kiel 1993

Firnhaber, Mechthild: Legasthenie. Wie Eltern und Lehrer helfen können. Fischer-Taschenbuch, Frankfurt a. M. 1995

Hackethal, Renate: Zehn Schritte zur Rechtschreibung. Eltern-Kind-Intensivkurs. Megalopolis, Schwerin 1995

Hackethal, Renate: Dreizehn Stationen auf dem Weg zum Lesen. Eltern-Kind-Intensivkurs. Megalopolis, Schwerin 1997

Klasen, Edith: Legasthenie – umschriebene Lese-Rechtschreibstörung. Informationen und Ratschläge. Piper, München 1995

Kretschmann, Marlies: So lernst du lesen und schreiben. Ehrenwirth, München 1991

Lohmann, Beate: Müssen Legastheniker Schulversager sein? (3. Aufl.). Ernst Reinhardt, München/Basel 1997

Soremba, Edith-Maria: Legasthenie muß kein Schicksal sein. Herder/Spektrum, Freiburg i. Br. 1995

2. Bücher für Lehrerinnen und Lehrer

Betz, Dieter/Breuninger, Helga: Teufelskreis Lernstörungen. Urban & Schwarzenberg, München 1982

Breuer, Helmut/Weuffen, Maria: Gut vorbereitet auf das Lesen- und Schreibenlernen? (5. Aufl.). Hüthigsche Verlagsanstalt, Berlin/Heidelberg 1981

Breuer, Helmut/Weuffen, Maria: Lernschwierigkeiten am Schulanfang. Beltz, Weinheim 1993

Doering, W./Doering, W. (Hrsg.): Sensorische Integration. borgmann, Dortmund 1990

Doernberg, Gesine: Die Betreuung von Legasthenikern in der Sekundarstufe I. Diesterweg/Österreichischer Bundesverlag, Frankfurt a. M./ Wien 1978
Dummer, Lisa (1986): Die spezifische Legasthenie im Kontext der Biologie (Nachschrift und Zusammenfassung zweier Vorträge von Prof. Galaburda am 2.10.1986 in Hannover und am 10.10.1986 in Brüssel). In : Dummer, L. (Hrsg.): Legasthenie, Bericht über den Fachkongreß 1986. Bundesverband Legasthenie e. V. Hannover
Dummer-Smoch, Lisa: Die Diagnostischen Bilderlisten, Veris, Kiel 1993
Dummer-Smoch, Lisa: Laute, Silben, Wörter. Ein Übungsbuch für die Hand des Kindes. Veris, Kiel 1996
Dummer-Smoch, Lisa/Hackethal, Renate: Kieler Rechtschreibaufbau. Veris, Kiel 1993
Dummer-Smoch, Lisa/Hackethal, Renate: Kieler Leseaufbau. Veris, Kiel 1994
Dummer-Smoch, Lisa: Spiele. Dieck-Verlag, Heinsberg 2001
Frostig, Marianne/Müller, Heinrich (Hrsg.): Teilleistungsstörungen. Urban & Schwarzenberg, München 1981
Galaburda, A. M. et al.: Evidence for aberrant auditory anatomy in developmental dyslexia. Proceedings of the National Academy of Sciences of the United States of America, 91 1994, 1810–1813
Haase, P. (Hrsg.): Schreiben und Lesen sicher Lehren und Lernen. borgmann, Dortmund 2000
Hackethal, Renate: Praxis zum Kieler Leseaufbau und Kieler Rechtschreibaufbau. Veris, Kiel 1990
Hynd, G. W. et al.: Brain morphology in developmental dyslexia and attention deficit disorder/hyperactivity. Archives of Neurology 47 1990, 919–926
Larsen, J. P. et al.: MRI evaluation of the size and symmetry of the planum temporale in adolescents with developmental dyslexia. Brain and Language 39 1990, 289–301
Küspert, P., Schneider, W.: Hören, Lauschen, Lernen. Vandenhoek und Ruprecht. Göttingen 1999
Lohmann, Beate: Rechtschreiben = richtig schreiben. Ein Programm für die 3., 4. und 5. Klasse. (2. Aufl.). Ernst Reinhardt, München/Basel 1990
Milz, Ingeborg: Sprechen, Lesen, Schreiben. HVA/Edition Schindele, Heidelberg 1991
Milz, Ingeborg: Rechenschwächen erkennen und behandeln. borgmann, Dortmund 1993
Paulesu, E. et al.: Is developmental dyslexia a disconnection syndrome? Evidence from PET scanning. In: Brain 1996, 119, 143–157
Rumsey, J. M. et al.: A positron emission tomographic study of impaired word recognition and phonological processing in dyslexic men. Arch. Neurol. 54 1997, 562–573
Schneider, W. et al.: Kurz- und langfristige Effekte eines Trainings der sprachlichen (phonologischen) Bewußtheit bei unterschiedlichen Leistungsgruppen: Befunde einer Sekundäranalyse. Zeitschrift für Entwicklungspsychologie und Pädagogische Psychologie 30 1998, 26–39

Shaywitz, S. E. et al.: Functional disruption in the organisation of the brain for reading in dyslexia. Proceedings of the National Academy of Sciences of the United States of America, 95 1998, 2636–2641

3. Zitiert wurde aus folgenden Büchern bzw. Zeitschriften:

Bayerisches Staatsministerium für Unterricht und Kultus (1999): Bekanntmachung vom 16.11.1999: Förderung von Schülern mit besonderen Schwierigkeiten beim Erlernen des Lesens und Rechtschreibens

Biscaldi, Monika/Otto, Petra: Legasthenie und Augenbewegungen. In: LRS. Zeitschrift des Bundesverbandes Legasthenie, H. 2, 1995, S. 4–5

Dehn, Mechthild: Zeit für die Schrift. Kamp, Bochum 1988

Holzach, Michael: Deutschland umsonst. Hoffmann und Campe, Hamburg 1982

Kossow, Hans-Joachim: Zur Therapie der Lese-Rechtschreibschwäche. Deutscher Verlag der Wissenschaften, Berlin 1972

Linder, Maria: Lesestörungen bei normal begabten Kindern. Zürich 1962

Meyer, Hans/Meyer, Ruth: Lese-Rechtschreibschwäche und ihre Behandlung im Unterricht. Schroedel, Hannover 1972

Reuter-Liehr, Carola: Lautgetreue Rechtschreibförderung. Dr. Dieter Winkler, Bochum 1992

Rhein, Renate: Wir sind Legastheniker. Schicksale einer benachteiligten Gruppe. Ullstein, Berlin 1982

Schenk-Danzinger, Lotte: Handbuch der Legasthenie im Kindesalter. Beltz, Weinheim 1968

Schenk-Danzinger, Lotte: Legasthenie. Zerebral-funktionelle Interpretation, Diagnose und Therapie. (2. Aufl.). Ernst Reinhardt, München/Basel 1991

Tordrup. S. A./Kluge, K.-J.: Lesestörungen, Leseschwierigkeiten und Leseschwächen bei Grund-, Haupt- und Sonderschülern. Beiträge aus der psychologischen Forschung und schulpädagogischen Praxis in Dänemark. Schindele, Neuburgweier/Karlsruhe 1970

Weiß, Rudolf/Osterland, Jürgen: Grundintelligenztest CFT 20. Hogrefe, Göttingen/Toronto/Zürich 1987

Zeitschrift des Bundesverbandes Legasthenie 2/1998: LRS, Königsstr. 32, 30175 Hannover

Aufgaben des Bundesverbandes Legasthenie e.V.

Er trägt dazu bei, daß gesetzliche Grundlagen und wissenschaftliche sowie praktische Möglichkeiten der Hilfe in allen Bundesländern verbessert werden. Besondere Bemühungen gelten der Vermittlung von Fachleuten für die Diagnose und für individuelle Förderung.
Er bietet Unterstützung bei den zuständigen Verwaltungsbehörden an, falls legasthene Kinder oder Jugendliche in speziellen Internaten untergebracht werden müssen.
Durch persönliche Beratung, Informationsschriften und Hinweise auf geeignete Literatur sollen die Eltern die Schwierigkeiten ihrer lese- und rechtschreibschwachen Kinder besser verstehen lernen.
Die Eltern werden ermutigt, die bereits bestehenden gesetzlichen Möglichkeiten in Anspruch zu nehmen.
Der Bundesverband Legasthenie dient ausschließlich und unmittelbar gemeinnütziger und mildtätiger Wohlfahrtszwecke ohne konfessionelle oder parteipolitische Bindungen.

Der Bundesverband Legasthenie tauscht mit staatlichen Institutionen, Organisationen und Beratungsstellen, die sich mit Problemen der Legasthenie und verwandten Lern- und Leistungsstörungen befassen, Informationen aus und arbeitet mit diesen Stellen zusammen.
Der Bundesverband Legasthenie fördert durch wissenschaftliche Kongresse und Veröffentlichungen die Forschung und den wissenschaftlichen Dialog unter Fachleuten aller beteiligten Disziplinen. Durch Informationen und Zusammenarbeit mit den Medien macht der Bundesverband Legasthenie die Probleme der Legastheniker in der Öffentlichkeit bekannt.

Mitgliedsbeiträge und Spenden sind steuerlich absetzbar.

Der Bundesverband Legasthenie e.V. (BVL) ist eine Interessenvertretung von Betroffenen und deren Eltern sowie von Fachleuten (Pädagogen, Psychologen, Ärzten und Wissenschaftlern, im sozialen Bereich Tätigen), die sich in Theorie und Praxis mit der Legasthenie auseinandersetzen.

Bundesverband Legasthenie e.V.
Königstraße 32, 30175 Hannover 1,
Telefon 0511/31 87 38 Fax 0511/31 87 39

Wie zeigt sich Legasthenie?

Wenn Ihr Kind größere Schwierigkeiten beim Erlernen des Lesens zeigt, wenn später das Lesen immer noch sehr unsicher ist und/oder die Rechtschreibung erheblich unter dem Durchschnitt liegt, kann es sich um Legasthenie handeln. Dabei ist nicht ausschlaggebend, ob die Leistungen in den übrigen Fächern und im Rechnen durchschnittlich oder besser sind. Auch diese Leistungen können durch die legasthenen Störungen und ihre Auswirkungen bereits beeinträchtigt worden sein.

Auffälligkeiten bei Kindern, die legastheniegefährdet sind (Früherkennung):

- Hörverarbeitungsschwächen - z.B. können bestimmte Laute nicht ausgesprochen werden (detommen statt gekommen),
- andere Teilleistungsstörungen - z.B. werden im Einschulungsalter Zahlen und Buchstaben häufig spiegelbildlich geschrieben, verdreht oder verwechselt.
- Motorische Unruhe im Vorschulalter, starke Ablenkbarkeit. In diesen Fällen sollte der Kinderarzt aufgesucht werden.
- Linkshändigkeit.
- Gestörte Grob- und/oder Feinmotorik.

Merkmale bei legasthenischen Kindern in der Schule:

- Sie schreiben ungewöhnlich viele Wörter falsch.
- Sie lesen sehr langsam und fehlerhaft.
- Sie ziehen die Buchstaben nicht oder nur sehr stockend zu Wörter zusammen.
- Sie verwechseln häufig ähnliche Wörter und Buchstaben (oben statt Ofen, d statt b, g statt d), sie lassen Vokale aus, verwechseln die Buchstabenfolge,verschlucken Endsilben. Viele Wörter erraten sie nur aus dem Sinnzusammenhang.
- Sie hören in den Wörtern die Einzellaute schlecht oder fehlerhaft (Reken statt Regen).
- Sie sprechen und lesen oft sehr undeutlich und ungenau; verschlucken Endsilben und lassen Innenlaute aus.
- Sie können längere Wörter oft nicht genau nachsprechen.

3. Wissenschaftlicher Beirat des Bundesverbandes Legasthenie: Legasthenie-Definition, Vorbeugung, Diagnose, Maßnahmen

Definition der Legasthenie mit Erläuterungen
(in der Fassung vom 31. 10. 1983)

Legasthenie ist die Bezeichnung für Schwächen beim Erlernen von Lesen, Schreiben und Rechtschreiben, die weder auf eine allgemeine Beeinträchtigung der geistigen Entwicklung noch auf unzulänglichen Unterricht zurückgeführt werden können.

1.) Kennzeichnend für eine Legasthenie sind weniger Anfangsschwierigkeiten beim Erwerb der Schriftsprache, als eine Diskrepanz zwischen dieser Leistung und den meisten übrigen Lern- und Leistungsmöglichkeiten, sowie das Fortwirken der partiellen Lernschwäche auch nach Verbesserung der Lese- und Rechtschreibleistung. Die Fähigkeiten von Schülern mit Legasthenie werden ihrer Rechtschreibung wegen nämlich häufig unterschätzt, so daß es zu Fehlentscheidungen über Schullaufbahnen kommt.

2.) Die Gründe für das umschriebene Versagen bei der Aneignung von Schriftsprache liegen im wesentlichen in Besonderheiten, die das Kind bereits mit in die Schule bringt. Sie können sowohl aufgrund einer entsprechenden Anlage als auch durch Störungen der Entwicklung des Zentralnervensystems oder durch das Zusammenwirken beider Bedingungen entstehen. Mit den Lese-Rechtschreibschwächen können Teilleistungsschwächen der Wahrnehmung, der Motorik (Bewegungs- und Koordinationsstörungen) der Seitendominanz und/oder Beeinträchtigungen des Spracherwerbs zusammentreffen.

3.) Eine unberücksichtigte, unbehandelte oder nicht fachgerecht behandelte Legasthenie führt in der Regel sowohl zur Ausweitung des Versagens in der Schule auf andere Lernbereiche, als auch zu schwerwiegenden Störungen der Persönlichkeitsentwicklung, vor allem in bezug auf das Selbstwerterleben, soziale Beziehungen und das Arbeits- und Leistungsverhalten (Verlust der Lernmotivation). Eine auf diese Weise ausgeprägte und verfestigte Legasthenie schränkt die Möglichkeiten für eine den sonstigen Fähigkeiten des Schülers angemessene Schulbildung und berufliche Ausbildung sowie für die Eingliederung in die Gesellschaft nicht nur vorübergehend erheblich ein.

Grunderfordernisse zur Abwendung von Beeinträchtigungen der seelischen Entwicklung

Um die Auswirkungen von partiellen Lernschwächen bei der Aneignung der Schriftsprache möglichst gering zu halten und einer ausgeprägten und verfestigten Legasthenie entgegenzuwirken, sind Maßnahmen in Familie, Schule und außerhalb der Schule erforderlich. Für Art und Umfang solcher Maßnahmen sind ausschlaggebend:

- Erscheinungsformen und Ausprägungsgrad der Teilleistungsschwächen sowie ihrer Folgen beim einzelnen Kind.
- Die Bedeutung des umschriebenen Lernversagens für Fremd- und Selbstbewertung unter den jeweiligen Umständen in Schule und Familie.

Der Erfolg der Einflußnahme auf den Verlauf einer Legasthenie hängt ab

- vom frühzeitigen Erkennen der umschriebenen Schwierigkeiten und der zugrundeliegenden Schwächen,
- von einer rechtzeitigen Hilfe durch fachgerechte, individuelle Behandlung,
- von Art und Umfang spezieller schulischer Förderung, von der Berücksichtigung der umschriebenen Schwächen bei der Organisation und Gestaltung des allgemeinen Schulunterrichts,
- von der Zusammenarbeit aller Beteiligten – Kind, Eltern, Erzieher, Lehrer, Psychologen, Ärzte – auf der Grundlage eines gemeinsamen Problemverständnisses.

Die Aufgaben der Schule

Da Leselern- und Rechtschreibschwächen erst im Unterricht der Schule bemerkbar werden, trägt diese ein hohes Maß an Verantwortung sowohl für vorbeugende Maßnahmen als auch für Früherkennung, Förderung und begleitende pädagogische Hilfen.

Allgemeine Vorbeugung:
Vorbeugende Maßnahmen der Schule sollen allen Schülern mit Lese- und Rechtschreibschwierigkeiten zugutekommen. Ungeachtet der Ursachen im Einzelfall hat die Schule den Auftrag, „dafür zu sorgen, daß möglichst wenige Schüler gegenüber diesen Grundanforderungen (im Lesen und Schreiben) versagen." (Beschluß der KMK vom 20.4. 1938, GMBl 1978, S. 338)

Allgemeine Vorbeugung heißt vor allem: Berücksichtigung unterschiedlicher Voraussetzungen für die Aneignung von Schriftsprache. Die Bedeutung und die Auswirkungen von Teilleistungsschwächen können dadurch zum Teil wesentlich gemildert werden. Entsprechende Möglichkeiten und Aufgaben liegen vor allem bei speziell ausgebildeten Grundschullehrern und deren Zusammenarbeit mit den Familien. Es ist notwendig,

- daß der Unterricht im Lesen und Schreiben den Kindern Zeit zur individuellen Aneignung läßt, nach dem Grundsatz schrittweiser Einführung schwieriger Probleme verfährt und dabei vor allem die Mitteilungsfunktion der Schriftsprache betont;

– daß Lehrer und Eltern nicht Fehler herausstellen und zum Vorwurf machen, sondern die Lernfortschritte des einzelnen Kindes bestätigen,
– daß die Schule den Eltern den Leselehrgang und die Notwendigkeit eines individualisierenden Unterrichtsvorgehens erläutert, damit sie ihr Kind ebenfalls bestätigen können, statt seine Lernergebnisse mit denen anderer Kinder zu vergleichen.

Früherkennung im Erstleseunterricht:
Auch, wenn der Lese- und Schreibunterricht nach den o. g. Grundsätzen gestaltet wird, werden sich bei der Beobachtung der Lernprozesse einzelne Kinder erkennen lassen, bei denen die schulischen Hilfen nicht zur völligen Überwindung der Lernschwierigkeiten führen.

Es ist notwendig, die besonderen Schwierigkeiten dieser Kinder und ihre Fähigkeiten so rechtzeitig zu erkennen und zu behandeln, daß ungünstige Auswirkungen auf ihre Lernmotivation, ihr Selbstwerterleben und ihre seelische Entwicklung noch vermieden, zumindest aber verringert werden können. Auf jeden Fall muß bereits zu diesem frühen Zeitpunkt dem Kind eine Erklärung für seine Schwierigkeiten gegeben werden, die es davor bewahrt, sich für dumm oder faul zu halten.

Die Wiederholung der 1. Klasse als einzige Maßnahme bedeutet in der Regel keine ausreichende Hilfe. Vielmehr bedarf es sowohl im Falle der Klassenwiederholung als auch bei einem Übertritt in die zweite Klasse einer speziellen Förderung innerhalb oder außerhalb der Schule.

Förderdiagnostische Klärung:
Es muß unterschieden werden zwischen lediglich klassifizierenden diagnostischen Feststellungen („Etikettierung") und einer förderungsbezogenen diagnostischen Klärung. Klassifizierende, abgrenzende Feststellungen mögen dazu dienen, Zuordnungen – vor allem unter schul- und sozialrechtlichen Gesichtspunkten – vorzunehmen. Insoweit können sie auch für den einzelnen Schüler begrenzten Nutzen haben. Sie reichen jedoch keineswegs aus, um die jeweils notwendigen und richtigen Wege für die Einflußnahme zu finden, entsprechende Maßnahmen einzuleiten sowie diese fortlaufend zu überprüfen und angemessen zu gestalten.

Eine förderungsbezogene Klärung muß sich auf den gesamten Wirkungszusammenhang körperlicher, seelischer und sozialer Beziehungen erstrekken und dabei sowohl die schulischen als auch die familiären Einflüsse berücksichtigen. Dies kann auf keinen Fall ausschließlich von der Schule geleistet werden. Für eine förderungsbezogene diagnostische. Klärung (siehe S. 113) sind nämlich erforderlich:

– Vorgeschichte der körperlichen, geistigen und sozialen Entwicklung,
– Vorgeschichte der bisherigen Lernverläufe in Kindergarten und Schule

- eingehende Untersuchung der bisher erlangten Lese- und Rechtschreibfertigkeiten, ihrer Besonderheiten und der Aneignungsschwierigkeiten,
- psychologische Untersuchung der allgemeinen Lern- und Leistungsmöglichkeiten,
- Erkundung der emotionalen sowie der sozialen Bedingungen und Auswirkungen der besonderen Lernschwierigkeiten,
- Untersuchung der neuropsychologischen Funktionen im Bereich der visuellen, auditiven und kinästhetisch-taktilen Wahrnehmung, der Motorik und der Integration bzw. der Koordination in beiden Bereichen,
- neurologische und gegebenenfalls neurophysiologische Untersuchung der Funktionen des Zentralnervensystems.

Insbesondere die Schule muß deswegen zur Zusammenarbeit mit außerschulischen Fachleuten (Medizinern verschiedener Fachrichtungen und Psychologen) und Eltern bereit sein.

Spezielle Förderung:
Um Schülern mit nicht nur vorübergehenden Schwierigkeiten im Bereich schriftsprachlicher Leistungen wirksam zu helfen, bedarf es eines speziellen Förderunterrichts.

Von einer besonderen Förderung in der Schule können nur dann Fortschritte erwartet werden, wenn sie bei dem Lernstand ansetzt, an dem für das Kind Erfolge möglich sind. Die unterschiedlichen Formen und Ausprägungsgrade der Legasthenie erfordern unterschiedliches methodisches Vorgehen. Deswegen sollte ein besonderer Förderunterricht nur von Lehrkräften erteilt werden, die eine spezielle Ausbildung haben und über eine entsprechende Methodenvielfalt verfügen. Die unterschiedlichen Ansätze müssen auch bei der Zusammensetzung und dem Umfang der Fördergruppen berücksichtigt werden (Kleingruppen, Einzelunterricht, kleine Leseklassen, Kompaktkurse u. a. m.)

Pädagogische Hilfen:
Berücksichtigung der besonderen Lernschwierigkeiten des Kindes bedeutet vor allem Entlastung von unangemessenen Forderungen, von Mißerfolgserlebnissen und von negativen Selbst- und Fremdbewertungen. Dazu muß insbesondere der Stellenwert der Mängel beim Lesen und Schreiben zurechtgerückt werden. Die nicht meßbaren Eigenschaften des Kindes, seine kreativen und sozialen Fähigkeiten, sowie seine besseren Fertigkeiten müssen beachtet, ihm und seiner Umgebung verdeutlicht und anerkannt werden.

Je nach dem Ausmaß des Versagens sind weitere pädagogische Maßnahmen zur Stützung der individuellen Lernfortschritte im Förderunterricht notwendig. Dazu zählen:

- Vermeiden von Bloßstellung durch lautes Vorlesen vor der Klasse,

- Mitschreiben des Klassendiktats nur zu einem Teil (z. B. zur Hälfte), oder Bearbeitung von Übungsaufgaben anstelle des Diktats,
- Ersetzen der Diktatbenotung durch anerkennende Beschreibung der individuellen Lernfortschritte im Förderunterricht,
- Erleichterungen bei den Hausaufgaben in Absprache mit den Eltern,
- Erleichterungen bei Textaufgaben in Mathematik und den Sachfächern. (z. B. sollten Texte vom Lehrer auf Kassette gesprochen werden, damit das Kind beim Lesen der Aufgaben zugleich mithören und dadurch Verständnisfehler vermeiden kann).

Die Aufgaben schulunabhängiger Fachleute

Nicht in den Aufgabenbereich der Schule fallen Früherkennung im Vorschulalter, diagnostische Klärungen, soweit sie über die Anwendung von Schulleistungstests hinausgehen, sowie Behandlungen bei erheblichen Schweregraden der Legasthenie oder bei sekundären Verfestigungen des Erscheinungsbildes.

Früherkennung im Vorschulalter:
Bei einem Teil der betroffenen Kinder lassen sich umschriebene Beeinträchtigungen (Teilleistungsschwächen), die später das Erlernen des Lesens und Schreibens erschweren, auch schon im Vorschulalter erkennen und berücksichtigen. Das ist besonders dann der Fall, wenn sie sich bereits auf den Erwerb der Lautsprache und des motorischen Geschicks ausgewirkt haben. Rechtzeitige diagnostische Klärung und gegebenenfalls eine spezifische Einflußnahme hängen von der Aufmerksamkeit der Allgemein- und Kinderärzte – insbesondere bei den Vorsorgeuntersuchungen –, der Fachkräfte in Erziehungsberatungsstellen, der Krankengymnastinnen, nicht zuletzt der Erzieherinnen in Kindertageseinrichtungen (Kindergärten, Horte) ab.

Pädagogische Förderung und spezifische Übungsbehandlungen müssen neben der Sprache und der Motorik in gleicher Weise die Wahrnehmungsbereiche, deren Verknüpfung und die sensomotorische Koordination berücksichtigen.

Diagnostische Klärungen:
Mit ihren begrenzten Möglichkeiten wird die Schule in der Regel nur einfache, diagnostische Abgrenzungen vornehmen und Ansätze für die schulische Lese- und/oder Rechtschreibförderung finden können.

Bei allen Schulkindern, die mit Leselern- und Rechtschreibproblemen auffallen, muß darüberhinaus unbedingt geklärt werden, ob bis dahin unerkannt gebliebene Seh- oder Hörbehinderungen vorliegen. Danach erst sind die unter 2.1.3 aufgeführten fachärztlichen und psychologischen Untersuchungen vorzunehmen. Die vollständige diagnostische Klärung erfordert die Zusammenarbeit verschiedener Fachrichtungen untereinander sowie mit Eltern und Schule.

Notwendigkeit und Formen außerschulischer Behandlungsmaßnahmen:
Auf der Grundlage umfassender diagnostischer Ergebnisse muß für jedes Kind mit ausgeprägter Legasthenie ein individueller Behandlungs- und Förderplan erstellt und fortlaufend überprüft werden. Ein solcher Plan muß einschließen:

- Information und Beratung der Eltern, der Lehrer und des Kindes,
- Berücksichtigung der besonderen Lernschwächen des Kindes in Familie und Schule,
- besondere Förderung innerhalb der Schule,
- therapeutische Maßnahmen außerhalb der Schule.

Je nach Ausprägungsgrad und Auswirkungen der Legasthenie sind dafür unterschiedliche Organisationsformen notwendig, aus denen sich – wie die folgende, vereinfachende Übersicht erkennen läßt – auch unterschiedliche Aufgabenverteilungen ergeben:

Zustand des Kindes	Maßnahme
Geringe Teilstörung, keine Verfestigung, keine sekundären emotionalen Störungen.	Beratung der Eltern und Lehrer. Schulinterne Individualisierung des Lernvorgangs.
Deutliche Teilleistungsstörungen, keine Verfestigung, keine sekundären emotionalen Störungen.	Beratung der Eltern und Lehrer, Spezielle, schulinterne Förderung möglich, nicht immer ausreichend.
Deutliche Teilleistungsstörungen, noch keine Verfestigung, deutliche sekundäre, emotionale Störungen.	Beratung der Eltern und Lehrer. Schulexterne Behandlung, u. U. Psychotherapie.
Ausgeprägte Teilleistungsschwächen, deutliche Verfestigung, deutliche sekundäre, emotionale Störungen.	Beratung der Eltern und Lehrer. Schulexterne Behandlung, u. U. Internatsunterbringung mit Psychotherapie und/oder entsprechender Behandlung.

Ambulante Behandlungsmaßnahmen:
Therapeutische Maßnahmen, wie sie wegen schwerer Ausprägungsgrade einer Legasthenie, erfolgloser schulischer Förderung, insbesondere aber bei deutlichen Auswirkungen auf die seelische Entwicklung notwendig wer-

den, müssen das gesamte Bedingungsgefüge berücksichtigen, in dem dieser Ausprägungsgrad entstanden ist, und bei den gegenwärtigen Bedingungsschwerpunkten ansetzen. Häufig werden die Beeinträchtigungen des Selbstvertrauens, die negative Gefühlsbesetzung von Lesen und Schreiben sowie die daraus folgenden Vermeidungen bei der therapeutischen Einflußnahme ganz im Vordergrund stehen. Dies kann bedeuten, daß zunächst psychotherapeutische Verfahren einzusetzen sind. In der Regel muß die Familie in die Behandlung einbezogen werden.

Im Zuge der Wiederherstellung der Lernfähigkeit und -motivation können und müssen dann mit dem Kind individuelle Aneignungswege für Lesen und Schreiben entwickelt werden. Sie sollen möglichst weitgehend den beim Kind festgestellten umschriebenen Lernschwächen entsprechen. Dazu verhilft ein vielfältiges methodisches Vorgehen.

Stationäre Behandlungsmaßnahmen:
Schüler mit schwerwiegender Ausprägung der Legasthenie und dementsprechenden Beeinträchtigungen ihrer seelischen Entwicklung können oft für einen längeren Zeitraum, manchmal für die Dauer ihrer Schulpflicht, nicht in einer Regelschule unterrichtet werden. Als stationäre Maßnahmen kommen dann, je nach den Bedingungen des Einzelfalls infrage:

- die zeitlich begrenzte Behandlung in einer Klinik oder Abteilung für Kinder- und Jugendpsychiatrie,
- ein Kuraufenthalt mit spezieller Förderung,
- die Aufnahme in ein Internat mit speziellem schulischen, heilpädagogischen und therapeutischen Angebot.

*Hilfen nach §§ 39ff. BSHG (Bundessozialhilfegesetz)**

Eine Legasthenie allein stellt noch keine wesentliche körperliche, geistige oder seelische Behinderung dar. Soweit schulische Maßnahmen ausreichen, das Kind vor der Ausweitung des Versagens auf andere Lernbereiche und vor Selbstwertproblemen zu bewahren, sowie ihm zu einer ausreichenden Leseleistung und zu einer seiner Begabung angemessenen Schullaufbahn zu verhelfen, brauchen außerschulische Hilfen nicht in Anspruch genommen werden.

Ist aber die Legasthenie nicht rechtzeitig erkannt oder nicht fachgerecht behandelt worden, und drohen bereits sekundäre Störungen des Lernverhaltens und der Leistungsmotivation und/oder der Persönlichkeitsentwicklung, dann ist der Schüler unmittelbar von einer seelischen Behinderung bedroht.

In diesem Fall bedarf es außerschulischer Maßnahmen, die nach § 39 Abs. 2 BSHG zu gewähren sind, weil allein Maßnahmen der vorbeugenden

Gesundheitshilfe oder der Krankenhilfe (§§ 36, 37 BSHG) nicht ausreichen, den Eintritt einer seelischen Behinderung abzuwenden. Die außerschulischen Maßnahmen können ambulante oder stationäre Maßnahmen sein.

Hat die Legasthenie schon zu einer seelischen Störung geführt, so kann diese eine nicht nur vorübergehende Beeinträchtigung der Fähigkeiten zur Eingliederung in die Gesellschaft (Bildungs-, Beschäftigungs- und Ausbildungsbereich) in erheblichem Umfang zur Folge haben. Auch in diesem Fall bedarf es außerschulischer (ambulanter oder stationärer) Maßnahmen, die nach §§ 39 ff. BSHG zu gewähren sind.

Grundsätzliche Bemerkungen

Alle Maßnahmen sollen dazu dienen, jungen Menschen mit einer besonderen Lernschwäche Bildungsmöglichkeiten zu eröffnen, die ihrer Begabung entsprechen und sie vor Beeinträchtigungen ihrer seelischen Entwicklung zu bewahren.

Information und Beratung aller Beteiligten, einschließlich des Kindes selbst sollen über die Entstehungsbedingungen und die Art der Legasthenie des Kindes aufklären und Verständnis für die damit verbundenen Wechselwirkungen innerhalb der Familie und der Schule herbeiführen.

* Nach Gesetzeslage von 1988 ist jetzt das Kinder- u. Jugendhilfe-Gesetz anzuwenden (§ 35 KJGH).

4. *Auszüge aus dem Erlass des Bayerischen Staatsministeriums für Unterricht und Kultus vom 16. November 1999*

(Ausgewählt wurden die Aussagen des Erlasses zu den Themen „Ursachen und Erscheinungsbilder" und „Leistungsfeststellung und Leistungsbewertung, Zeugnisse", weil diese Informationen für Eltern besonders wichtig sind. Kursive Hervorhebungen im Text durch die Verfasserin).

Förderung von Schülern mit besonderen Schwierigkeiten beim Erlernen des Lesens und des Rechtschreibens.

... Neuere Erkenntnisse aus Medizin, Psychologie und Pädagogik ermöglichen eine genauere Erklärung der Ursachen und Entstehung sowie der Erscheinungsbilder dieser Teilleistungsstörung und geben konkrete Hinweise auf gezielte Fördermaßnahmen, die an den individuellen Schwierigkeiten des einzelnen Schülers orientiert sind.

I Ursachen und Erscheinungsbilder

Zu unterscheiden ist eine *Lese-Rechtschreibstörung* (Legasthenie, Dyslexie) mit teilweise hirnorganisch bedingten, gravierenden Wahrnehmungs- und Aufmerksamkeitsstörungen von einer vorübergehenden *Lese- und Rechtschreibschwäche (LRS),* die in mehr oder minder starker Ausprägung eine Verzögerung im individuellen Lese- und Schreiblernprozess darstellt. Zu unterscheiden sind zusätzlich Erscheinungsformen der Lese-Rechtschreibschwäche bei Schülern mit sonderpädagogischem Förderbedarf.

1. Lese- und Rechtschreibstörung (Legasthenie)

Legasthenie ist eine Störung des Lesens und Rechtschreibens, die entwicklungsbiologisch und zentralnervös begründet ist. Die Lernstörung besteht trotz normaler oder auch überdurchschnittlicher Intelligenz und trotz normaler familiärer und schulischer Lernanregungen. Die Beeinträchtigung oder Verzögerung beim Erlernen grundlegender Funktionen, die mit der Reifung des zentralen Nervensystems verbunden ist, hat demnach biologische Ursachen, deren Entwicklung lange vor der Geburt des Kindes angelegt oder durch eine Schädigung im zeitlichen Umkreis der Geburt bedingt ist.

Legasthenie ist eine nur schwer therapierbare Krankheit, die zu teilweise erheblichen Störungen bei der zentralen Aufnahme, Verarbeitung und Wiedergabe von Sprache und Schriftsprache führt. Individuelle Ausprägungen und Schweregrade dieser Lernschwierigkeit ergeben sich durch unterschiedliche Kombinationen von Teilleistungsschwächen der Wahrnehmung, der Motorik und der sensorischen Integration. Von Legasthenie sind rund 4 % aller Menschen betroffen.

2. Lese- und Rechtschreibschwäche (LRS)

Im Gegensatz zur anhaltenden Lese- und Rechtschreibstörung können Schüler ein vorübergehendes legasthenes Erscheinungsbild aufweisen, das auf unterschiedliche Ursachen zurückzuführen ist. Ursache dafür kann z. B. eine Erkrankung, eine besondere seelische Belastung oder ein Schulwechsel sein. Rund 7 bis 10 % aller Schüler im Einschulungsalter haben Schwierigkeiten beim Erlernen des Lesens.

3. Schüler mit sonderpädagogischem Förderbedarf

Lese- und Rechtschreibschwächen im Rahmen einer allgemeinen Minderbegabung treten bei Schülern mit sonderpädagogischem Förderbedarf auf, die aber nicht so schwach begabt sind, dass sie eine Schule zur individuellen Lernförderung besuchen müssten. Diese Schüler haben jedoch in allen Bereichen schulischen Lernens und Arbeitens teilweise erhebliche Schwierigkeiten, die über die ganze Schulzeit anhalten.

II Lesen- und Schreibenlernen als Aufgabe der Schule

...

III Fördermaßnahmen

...

IV Leistungsfeststellung und Leistungsbewertung, Zeugnisse

Grundsätzlich unterliegen auch Schüler mit Legasthenie oder einer Lese-Rechtschreibschwäche an allen allgemein bildenden Schulen und beruflichen Schulen den für alle Schüler geltenden Maßstäben der Leistungsbewertung.

Wie bei Fördermaßnahmen muss auch bei der Leistungsfeststellung und Leistungsbewertung zwischen Schülern mit dauernder Legasthenie und Schülern mit einer vorübergehenden Lese-Rechtschreibschwäche unterschieden werden. Eine differenzierte Behandlung kann im Sinne der nachfolgenden Regelungen aber nur dann erfolgen, wenn das Vorliegen einer Legasthenie durch ein schriftliches Gutachten bestätigt wird. Bei Vorliegen eines solchen Gutachtens muss die Legasthenie berücksichtigt werden. Als ausreichende Bestätigung für das Vorliegen einer Legasthenie gelten nur Gutachten, die durch einen Facharzt für Kinder- und Jugendpsychiatrie in

Zusammenwirken mit einem im Schuldienst tätigen Schulpsychologen der jeweiligen Schulart erstellt sind. Grundlage für die Erstellung des Gutachtens sind die vom Bayerischen Staatsministerium für Arbeit und Sozialordnung, Familie, Frauen und Gesundheit im Rahmen der Eingliederungshilfe nach § 35 a SGB VIII erstellten Kriterien. Gutachten von Kinderärzten, außerschulischen psychologischen Beratungskräften, Logopäden und anderen Fachkräften im Bereich der Sprachförderung können Hinweis oder ergänzende Bestätigung sein, sind jedoch allein nicht ausreichend. Die Anerkennung einer Lese-Rechtschreibschwäche erfolgt durch den örtlich zuständigen Staatlichen Schulpsychologen.

Das Gutachten über das Vorliegen einer Legasthenie ist beim Übertritt von der Grundschule in eine weiterführende Schule (Hauptschule, Realschule, Gymnasium) neu auszustellen bzw. vom zuständigen Facharzt für Kinder- und Jugendpsychiatrie im Zusammenwirken mit dem jeweils zuständigen Schulpsychologen zu bestätigen.

Bei Schülern mit einer vorübergehenden Lese- und Rechtschreibschwäche sind die durch die Förderung erreichten Verbesserungen im Abstand von höchstens zwei Schuljahren durch den Schulpsychologen zu überprüfen. Die weitere Gewährung von Förderung und Hilfsmaßnahmen sowie die Berücksichtigung bei der Leistungsbewertung sind dem Entwicklungsstand anzupassen. In der Regel endet die Berücksichtigung einer Lese- und Rechtschreibschwäche mit Abschluss der Jahrgangsstufe 10.

Bei schulischen Leistungsfeststellungen und Leistungsbewertungen ist für alle Schüler mit Legasthenie oder einer Lese-Rechtschreibschwäche unter Berücksichtigung der nachfolgenden Regelungen zu gewährleisten, dass sich diese Schwierigkeiten nicht auf andere Lernbereiche auswirken und dort die Leistungsbewertung beeinträchtigen.

1. Form und Inhalt von Leistungsfeststellungen

Schüler mit einer gutachterlich festgestellten Legasthenie sind von der Teilnahme an schriftlichen Leistungserhebungen, die ausschließlich der Feststellung der Rechtschreibkenntnisse dienen, zu befreien. Nehmen sie freiwillig teil, so erfolgt keine ziffernmäßige Leistungsbewertung, sondern eine verbale Beurteilung, die insbesondere feststellbare Lernfortschritte betont und Anregungen für weitergehende Übungen gibt.

Bei Schülern mit einer Lese-Rechtschreibschwäche liegt es im pädagogischen Ermessen der Lehrkraft, die Leistungserhebung dem aktuellen Leistungsstand des einzelnen Schülers anzupassen, z. B. durch Verkürzung des Inhalts oder mit der Möglichkeit eines Lückendiktats. Schriftliche Probearbeiten im Rechtschreiben können ohne ziffernmäßige Benotung verbal beurteilt werden.

Zur Feststellung des individuellen Lernfortschritts sind mündliche und schriftliche Übungen, Klassenarbeiten und informelle Verfahren heranzuziehen sowie Beobachtungen zu nutzen, wie sich der Schüler beim Lesen und Schreiben verhält, ob und wie er Hilfsmittel gebraucht und wie er sich in Partner- und Gruppenarbeit zurechtfindet.

2. Hilfen bei Leistungsfeststellungen

Auch in den anderen Fächern außer Deutsch können sich bei allen schriftlich gestellten und/oder schriftlich zu beantwortenden Leistungsfeststellungen die Teilleistungsstörungen im Lesen oder Schreiben zum Nachteil für die betroffenen Schüler auswirken. So brauchen Schüler mit besonderen Schwierigkeiten im Lesen ein Mehrfaches an Zeit, um Fragen und Problemstellungen zu lesen und zu erfassen, Informationen aus Texten aufzunehmen und zu verarbeiten, bevor sie eine Lösung erarbeiten können. Schüler mit Schwierigkeiten beim Schreiben brauchen mehr Zeit, um ihre Lösung zu Papier zu bringen.

Schüler mit gutachterlich festgestellter Legasthenie *müssen*, Schüler mit einer Lese- und Rechtschreibschwäche *können* deshalb bei schriftlichen Leistungsfeststellungen in Proben, Schulaufgaben und Prüfungen in allen Fächern einen *Zeitzuschlag bis zur Hälfte der regulären Arbeitszeit* erhalten. Die Dauer des Zeitzuschlags richtet sich nach Art und Ausmaß der Störung. Er wird auf Empfehlung der fachlich zuständigen Lehrkräfte vom Schulleiter festgelegt.

Andere Möglichkeiten der Hilfestellung insbesondere bei Stegreifaufgaben bestehen z. B. darin, dem betreffenden Schüler eine schriftlich gestellte Aufgabe zusätzlich vorzulesen oder die Leistungsfeststellung mit dem Schüler mündlich durchzuführen. In geeigneten Fällen und bei entsprechender Ausstattung der Schule können auch technische Hilfsmittel eingesetzt werden.

3. Leistungsbewertung

3.1 Deutsch

Bei Schülern mit einer gutachterlich festgestellten Legasthenie entfällt eine notenmäßige Bewertung des Lesens und Rechtschreibens. Diese Bereiche fließen in die Deutschnote nicht mit ein. In das Zeugnis ist die Bemerkung aufzunehmen: „Auf Grund einer fachärztlich festgestellten Legasthenie wurden Rechtschreibleistungen nicht bewertet". Die Erziehungsberechtigten betroffener Schüler sind bei der Antragstellung auf Berücksichtigung einer gutachterlich festgestellten Legasthenie auf diese Zeugnisbemerkung hinzuweisen.

Bei Schülern mit einer Lese- und Rechtschreibschwäche können die Leistungen im Lesen und Rechtschreiben zurückhaltend gewichtet werden. In das Zeugnis ist die Bemerkung aufzunehmen: „Auf Grund einer vorübergehenden Lese- und Rechtschreibschwäche wurden die Leistungen im Lesen und Rechtschreiben zurückhaltend bewertet.“ Grundsätzlich darf bei diesen Schülern die Rechtschreibung nur bei Leistungserhebungen, die der Feststellung der Rechtschreibkenntnisse dienen, (z. B. im Diktat) notenmäßig bewertet werden. Bei allen anderen Arbeiten, z. B. bei Aufsätzen, Niederschriften, Protokollen u. a. ist eine fehlerhafte Rechtschreibung zwar zu kennzeichnen, darf aber nicht in die Bewertung einfließen.

3.2 Fremdsprachen

In den weiterführenden Schulen stellen sich für Schüler mit Legasthenie oder einer Lese- und Rechtschreibschwäche beim Erlernen einer Fremdsprache die gleichen Probleme wie im Fach Deutsch. Soweit rein rechtschriftliche Leistungen abgeprüft werden, ist bei Schülern mit gutachterlich festgestellter Legasthenie analog zum Fach Deutsch auch in der Fremdsprache von einer ziffernmäßigen Bewertung des Lesens und Rechtschreibens abzusehen. Bei der Festlegung der Zeugnisnote sollen je nach Art und Ausmaß ihrer Teilleistungsstörung die mündlichen Leistungen im Vordergrund stehen. Bei Schülern mit gutachterlich festgestellter Legasthenie sind schriftliche und mündliche Leistungen im Verhältnis 1:1 zu gewichten. Die Festsetzung der mündlichen Note erfolgt auf der Basis von rein mündlichen Leistungsnachweisen (nicht Stegreifaufgaben), je nach Schulart in angemessener Anzahl. In der Zeugnisbemerkung ist darauf entsprechend einzugehen.

3.3 Andere Fächer

Auch in allen anderen Fächern sind eine Legasthenie bzw. eine Lese- und Rechtschreibschwäche bei davon betroffenen Schülern zu berücksichtigen. Bei der Bewertung schriftlicher Leistungsfeststellungen darf die mangelnde Rechtschreibleistung nicht in die Notengebung einfließen.

3.4 Vorrücken

Über das Vorrücken von Schülern, deren Leistungsstand im Fach Deutsch, in den weiterführenden Schularten auch in den Fremdsprachen aufgrund ihrer Legasthenie oder Lese- und Rechtschreibschwäche den Anforderungen der Jahrgangsstufe nicht entsprechen, entscheidet die Schule in pädagogischer Verantwortung. Bei Schülern mit gutachterlich festgestellter Legasthenie darf diese Teilleistungsstörung nicht den Ausschlag für das Versagen der Vorrückerlaubnis geben.

Wechselt ein Schüler nach Beendigung der Grundschule in die Hauptschule, so ist die aufnehmende Schule auf das Vorliegen einer gutachterlich festgestellten Legasthenie bzw. einer festgestellten Lese- und Rechtschreibschwäche sowie auf den individuellen Entwicklungs- und Leistungsstand des Schülers im Lesen und/oder Rechtschreiben hinzuweisen.

3.5 Übertritt
Legasthenie und eine Lese-Rechtschreibschwäche dürfen bei sonst angemessener Gesamtleistung kein Grund sein, einen Schüler vom Übertritt an das Gymnasium, die Realschule oder die Wirtschaftsschule auszuschließen. Grundsätzlich sollten Schüler mit Legasthenie oder einer Lese- und Rechtschreibschwäche jedoch nur dann übertreten, wenn Aussichten bestehen, dass sie an der gewählten Schulart mit Erfolg am Unterricht teilnehmen können.

Bei der Feststellung der Deutschnote im Übertrittszeugnis der Grundschule, zusätzlich bei der Englischnote im Übertrittszeugnis der Hauptschule, gelten die in 3.1 und 3.2 festgelegten Regelungen. Bei Schülern mit Legasthenie müssen, bei Schülern mit einer vorübergehenden Lese- und Rechtschreibschwäche können die Leistungen im Lesen und Rechtschreiben zurückhaltend gewichtet werden. Die mündlichen Leistungen sollen im Vordergrund stehen.

Die aufnehmende Schule ist durch das pädagogische Wortgutachten auf das Vorliegen einer gutachterlich festgestellten Legasthenie bzw. einer festgestellten Lese- und Rechtschreibschwäche sowie auf den individuellen Entwicklungs- und Leistungsstand des Schülers im Lesen und/oder Rechtschreiben hinzuweisen.

Hat sich der Schüler beim Übertritt an eine Realschule, eine Wirtschaftsschule oder ein Gymnasium einem Probeunterricht zu unterziehen, so sind die unter 3.1 genannten Regelungen zur Leistungsbewertung im Fach Deutsch sinngemäß anzuwenden.

3.6 Schulabschlüsse
Die Noten für das Abschlusszeugnis einer Schulart werden gemäß den Bestimmungen der jeweiligen Schulordnung nach dem für alle Schüler geltenden Bestimmungen festgesetzt. Bei Schülern mit einer gutachterlich festgestellten Legasthenie wird bei der Notenbildung für das Fach Deutsch von einer Bewertung der Rechtschreibleistung abgesehen. Bei Schülern mit einer Lese- und Rechtschreibschwäche, deren Teilleistungsstörung bis zum Abschluss der Schule nicht vollends behoben werden konnte, können bei der Notenbildung im Fach Deutsch die Leistungen im Lesen und Rechtschreiben zurückhaltend gewichtet werden. In der Zeugnisbemerkung ist darauf entsprechend einzugehen.

5. Beschreibung der Lautgebärden

Vorbemerkungen

Rechtshänder arbeiten mit der rechten, Linkshänder mit der linken Hand. Die Gebärden werden in Gesichtshöhe ausgeführt, so dass sie nicht nur als Bewegung wahrgenommen, sondern nach Möglichkeit auch mit den Augen verfolgt werden können.

Im nachfolgenden Text benutzen wir die Schreibweise **/a/** , wenn der gesprochene Laut gemeint ist, **A** oder **a** , wenn es um den Buchstaben geht.

Mit diesem Lautgebärdensystem wird auch im „Kieler Leseaufbau" (Dummer, Hackethal 1984) gearbeitet. Dort ist eine stufenweise Einführung der Laut-Buchstabenverbindungen in Verbindung mit Schwierigkeitsstufen der Wortstruktur beschrieben.

Vokale und Diphthonge

A: Mit Zeigefinger und Daumen beider Hände formt man ein Dreieck, dessen Grundlinie die beiden Daumen bilden. Damit wird angedeutet, dass der Mund beim Sprechen des **/a/** genau so weit offen ist. Außerdem erinnert das Dreieck an das große gedruckte **A**.

E: Beim Sprechen des **/e/** wird der Mund ganz breit. Wir verlängern diese Breite, indem wir Daumen und Zeigefinger der rechten (bei Linkshändern der linken) Hand weit auseinander spreizen und in der Höhe des Mundes vor das Gesicht halten.

I: Mit dem Zeigefinger tippen wir oben auf die Mitte des Kopfes. Damit deuten wir den **i**-Punkt an, der oben auf dem Buchstaben nicht vergessen werden darf.

O: Der Zeigefinger beschreibt um den rund geformten Mund beim Sprechen des **/o/** einen Kreis.

U: Der Zeigefinger tippt einmal von unten gegen das Kinn.

Ei: „ein Baby streicheln" – kurze Streichelbewebung an der Wange.

Au: „ein Hund hat eine schmerzende Pfote" – der Unterarm zeigt waagerecht nach vorn, die Hand hängt locker herunter. Kurze Schüttelbewegung nach unten, vom Unterarm ausgehend.

Die „dehnbaren“ Konsonanten

M: Zeige-, Mittel- und Ringfinger liegen auf den geschlossenen Lippen. Das Kind soll versuchen zu spüren, dass der Luftstrom durch die Nase und nicht durch die Lippen geht. Die drei Finger deuten zugleich auf die drei „Beinchen“ des kleinen **m**.

R: Beide Hände sind zur Faust geschlossen, die Zeigefinger waagerecht ausgestreckt. Sie kreisen umeinander, wie beim „**Rrr**ollen“.

S: Die rechte Hand ist zur Faust geschlossen, der Zeigefinger ausgestreckt. Der Ellenbogen wird nach außen geführt, so dass dann der Zeigefinger etwa in Taillenhöhe am Körper vorbeisausen kann: ein Auto **sss**aust vorbei!

L: Die Hand schließt sich am Kinn um einen imaginären langen Bart und streicht an ihm entlang nach unten – „**lll**anger Bart“.

N: Zeige- und Mittelfinger werden an den gleichseitigen Nasenflügel gelegt. Die beiden Finger deuten zugleich auf die zwei „Beinchen“ des kleinen **n** .

F: Die Fingerkuppe des Zeigefingers wird gegen die Unterlippe gedrückt. „Über den Finger pusten“ ist die Vorstellung, die man damit verbindet. Damit wird zugleich der Ort der Lautbildung bewusst gemacht.

H: Die Handfläche wird wie ein Spiegel vor das Gesicht gehalten. Man haucht in den Spiegel hinein. Manche Kinder hören diesen Laut nicht recht. Dann empfiehlt es sich, zunächst mit einem richtigen Spiegel zu arbeiten und diese Erfahrung später auf die Hand zu übertragen.

Zusätzlich zu diesen ersten Buchstaben-Lautverbindungen sollte man sehr bald die Endungen **-en** und **-er** einführen. Den Kindern erläutert man, dass diese Endungen „uns so leicht entwischen“. Daher nehmen wir ein Geheimzeichen, das das Festhalten andeutet.

-en: Bei der Endung **-en** haben wir durch das kleine **n** zwei „Beinchen, die wir festhalten können“. Mit nach vorn ausgerichteten Unterarmen führt man mit beiden Händen eine ruckartige Greifbewegung aus.

-er: Bei der Endung **-er** gibt es durch das kleine **r** nur ein „Beinchen". Daher führen wir die Greifbewegung nur mit einer Hand aus, drehen sie dabei aber so, wie beim Umdrehen eines Schlüssels. Damit wollen wir das besonders kräftige „Festhalten" andeuten.

Später kann die Endung **-el** in Anlehnung an den Ort „wo das **L** wohnt", hinzugenommen werden:

-el: Zeige- und Mittelfinger (Zwei Finger für zwei Buchstaben) tippen kurz an das Kinn.

Die harten und weichen Konsonanten

Legasthenische Kinder haben bei diesen Konsonanten zwei Probleme: entweder verwechseln sie die harten mit den weichen Konsonanten (Babakei statt Papagei) oder ihnen unterlaufen die Spiegelbild- bzw. Drehungsverwechslungen (b = d = g). Für die Lösung dieser Probleme reichen Lautgebärden allein nicht aus. Weitere Hilfen werden in diesem Buch unter „Eselsbrücken" beschrieben.

P: Die rechte Hand wird flach ausgestreckt, mit dem Handrücken nach oben, waagerecht vor den Mund gehalten. Das **/p/** wird dann so über den Handrücken hinweg gesprochen, als ob man etwas Watte davon herunterpusten wollte. Das Kind soll den Luftstrom spüren, auch im Vergleich zum **/b/** -Laut.

T: Die geschlossene Faust wird wie eine Trompete in einem kleinen Abstand vor den Mund gehalten: „**T**rompete blasen".

K: Beide Hände werden zur Faust geschlossen und die Fingerknöchel beider Hände gegeneinander geschlagen. Die gebeugten Finger erinnern an den Winkel, der bei der Buchstabenform an den senkrechten Strich angefügt ist.

B: Der Zeigefinger liegt auf den geschlossenen Lippen. Er wird beim Sprechen des Lautes, wenn die Lippen sich öffnen, leicht vom Mund fortbewegt.

D: Beide Daumen drücken gegeneinander: **D**aumen **d**rücken. Die Gebärde erinnert zugleich daran, dass die Zunge gegen den Gaumen drückt.

G: Wir denken an einen Gänseschnabel. Daumen und Zeigefinger bewegen sich wie ein Schnabel auf und zu.

Die Umlaute und **eu / äu**

Bei den Umlauten betonen wir durch Zusatzgebärden zum ursprünglichen Laut, dass die beiden „Strichlein" nicht vergessen werden dürfen.

Ä: Die Gebärde für **A** wird gezeigt, zusätzlich aber „zappeln" die freien Finger.

Ö: Beide Zeigefinger zeigen die Gebärde für das **O** .

Ü: Die Gebärde für das **U** wird mit dem Zeige- und Mittelfinger einer Hand gebildet. Die Finger tippen unter das Kinn, wie beim **U**.

Äu: Die Bewegung, die für den Laut **/Au/** von einer Hand ausgeführt wird, machen nunmehr *beide* Hände.

Eu: Es handelt sich um denselben Laut wie beim **Äu** . Um den Unterschied in der Schreibweise zu betonen, sprechen wir vom „Eulen-**Eu**" und bilden mit den Zeigefingern die „Eulenaugen" vor unseren eigenen Augen.

Die restlichen Buchstaben

Es gibt Kinder, bei denen es genügt, für das erste Silbentraining und später für die Unterscheidungsleistungen bei den formähnlichen Buchstaben und den Buchstaben für ähnliche Laute die bisher angeführten Geheimzeichen zu verwenden. Andere Legastheniker, vor allem, wenn sie als Leseanfänger bereits einmal im Leselernprozess gescheitert sind, brauchen alle Lautgebärden.

Die Reihenfolge, in der man sie einführt, kann bei den nachfolgend aufgeführten Buchstaben verändert werden. In Förderkursen der Schulen sollte man sich an die Reihenfolge halten, die im „Kieler Leseaufbau" (Dummer, Hackethal 1984) empfohlen wird, weil dann die dazugehörenden Spiele und Wortkarten am besten genutzt werden können.

Ch: Das Gesicht wird leicht nach oben gewandt, Zeigefinger und Daumen bilden einen Halbkreis. Der Zeigefinger deutet in die Richtung der Zähne, der Daumen auf den Kehlkopf.

W: Beide Hände fächeln über die Schulter hinweg Luft nach hinten. Als Erinnerungshilfe benutzen wir den Stabreim „**W**ind **w**eht **w**eit **w**eg".

Z: Der Zeigefinger zeichnet sich in Augenhöhe eine Zickzack-Bewegung. Erinnerungsvorstellung bei dieser Bewegung ist der Bli**tz**.

Sch: Beide Fäuste drücken kurz auf die aufgeblasenen Wangen, so dass die Luft mit einem Zischlaut entweicht. Wenn es nötig erscheint, auf die drei Buchstaben für diesen Laut besonders hinzuweisen, nimmt man statt der Fäuste jeweils drei Finger: Zeige-, Mittel- und Ringfinger.

J: Der Arm wird ausgestreckt neben dem Kopf in die Höhe gehalten und die Hand so abgewinkelt, dass sie etwa waagerecht über dem Kopf steht. Es sind zwei Assoziationen möglich: Andeuten der Größe eines großen **J**ungen oder Andeuten der Form des großen gedruckten Buchstabens.

ß: Die Vorstellung für diesen Laut ist das Zerreißen von Papier. Daumen, Zeige- und Mittelfinger beider Hände halten ein imaginäres Stück Papier fest und reißen es auseinander. Bei der Einführung des Buchstabens bekommt das Kind ein kleines Stück Papier, das es wirklich zerreißt.

V: Hier erinnern wir uns an den **/f/**-Laut und das entsprechende Zeichen. Da der Buchstabe **V** für denselben Laut steht, bilden wir mit Zeige- und Mittelfinger ein **V** und blasen den Luftstrom hindurch statt drüber.

Qu: Das **Qu** wird stets in dieser Verbindung angeboten, niemals als **Q** allein. Dabei betont man, dass **qu** wie **kw** klingt. Bildvorstellung ist das Quakmaul eines Frosches, das beide Hände nachbilden. Das „geöffnete" Quakmaul wird einmal kurz zugeklappt.

X: Beide Unterarme bilden in Brusthöhe vor dem Körper ein **X** .

Y: Beide Unterarme werden mit den Händen nach oben aneinander gelegt. Die Hände bilden das offene Dreieck für den oberen Teil der Buchstabenform.

Darstellung der Lautgebärden siehe S. 134–136

A, a

E, e

I, i

O, o

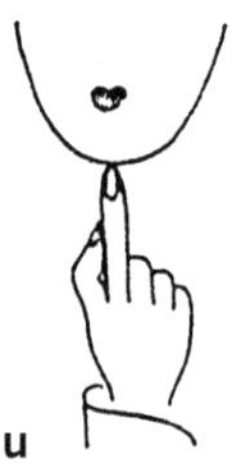

U, u

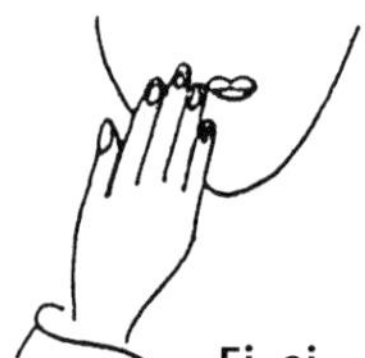

Ei, ei

Au, au

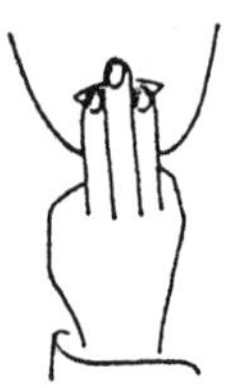

M, m

R, r

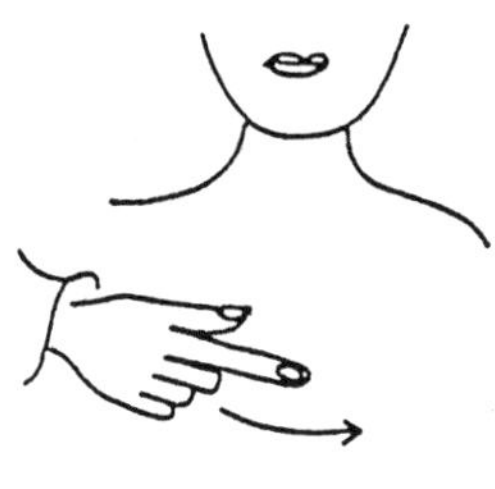

S, s

L, l

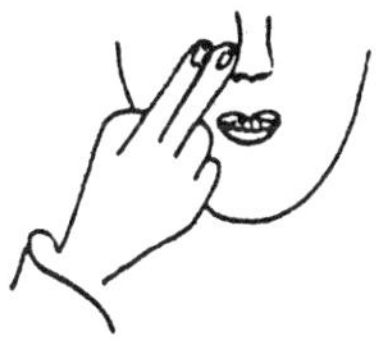

N, n

F, f

H, h

-en

-er

Ch, ch

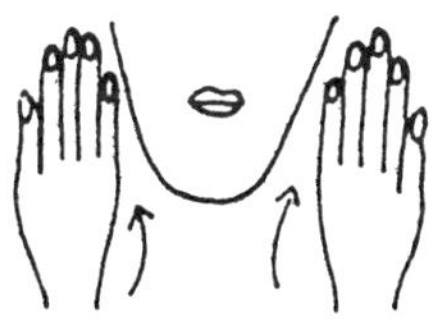

W, w

Z, z

P, p

T, t

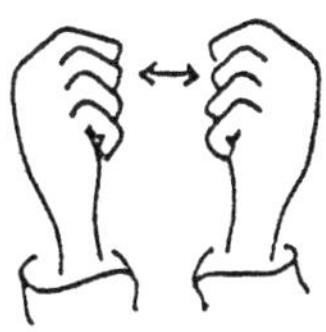

K, k

B, b

D, d

G, g

Eu, eu

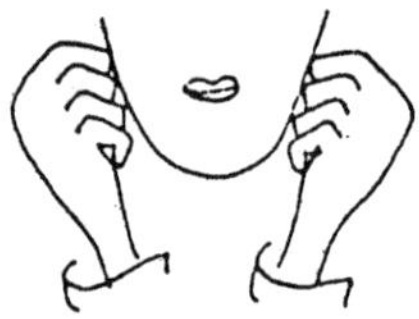

Sch, sch

-el

J, j

ß

V, v

6. Übersichten zu Dopplungen und Dehnungen

Kartei für seltene Dopplungen

– bb –	– dd –	– gg –	– kk –	–zz–
Ebbe	Paddel	Dogge	Akkumulator	Nizza
Krabbe	Pudding	Egge	Akkusativ	Pizza
Robbe	Kladde	Flagge	Makkaroni	Razzia
kribbeln	Kuddelmuddel	Bagger	Mokka	Jazz
rubbeln	Buddel	Roggen	Sakko	Skizze
grabbeln	Troddel	joggen	akkurat	Puzzle
	Teddy	schmuggeln		
	Widder	Schmuggler		
	buddeln			
	paddeln			

Kartei für Dehnungswörter mit Doppelvokal

– ieh –	– aa –	– ee –	– oo –
sieht	Aal	Allee	Boot
zieht	Aas	Beere	Moor
flieht	Haar	Beet	Moos
Vieh	Paar	Fee	Zoo
stiehlt	Saal	Gelee	
befiehlt	Saat	Heer	*in Schleswig-Holstein:*
empfiehlt	Staat	Idee	Koog
	Waage	Kaffee	Noor
		Meer	
		Schnee	
		See	
		Seele	
		Tee	
		Teer	
aber:			
ihm	mir		
ihn	dir		
ihr	wir		

Übersichten über die Dehnung mit h

Das Dehnungs-h

- steht nur vor *l, m, n, r*
  Ausnahmen: Reh, roh, froh, Stroh, Kuh, früh.
- *nicht* in Wörtern, die mit Sch, Sp, Qu, T oder V beginnen!
- Es gibt nur wenige Wörter, die mit P, St oder Sp beginnen und eine Dehnung haben:
  1. prahlen, Pfahl, Pfühl
  2. Stahl, Strahlen, stehlen, Stuhl

	ahl	**ahm**	**ahn**	**ahr**	**Ausnahmen**	
A	Ahle	–	Ahnung			Aal, Aar
B	–	–	Bahn	Bahre		
D	Dahlie	–	–	–		Dame
F	fahl	–	Fahne	fahren Fähre		infam
G	–	–	gähnen	–		garen, gar
H	–	–	Hahn	–		Haar
J	–	–	–	Jahr jährlich		Januar
K	kahl	–	Kahn	–		er kam
L	–	lahm Lähmung	Lahn	–		Lama
M	Mahl	–	Mahnung ermahnen	–		das Mal, einmal
N	–	nahm	–	Nahrung ernähren	**nah**	Name, nämlich
P	prahlen Pfahl	–	–	–		Plan, Paar, ein paar
Qu	–	–	–	–		die Qual
R	–	Rahm	–			rar (selten)
S	–	–	Sahne	–		Same, die Saar

Sch	–	–	–	–		Schal, Schale, Scham, Schar, schälen, schämen
St	Stahl Strahlen	–	–	–		Star
Sp	–	–	–	–		Span, sparen
T	–	–	–	–		Tal, Tran, Träne
V	–	–	–	–		
W	Wahl wählen, Wahl	–	Wahn erwähnen	wahr gewähren		Wal, die Ware
Z	Zahl	zahm	Zahn	Zähre		

	ehl	**ehm**	**ehn**	**ehr**	**Ausnahmen**	
B	–	–	–	–		Beere
D	–	–	–	–		dem, den
E	–	–	–	Ehre		
F	Fehler	–	–	–		Fee
G	–	–	–	–		Ger (für Speer)
H	Hehler verhehlen	–	–	hehr		
J	–	–	–	–		
K	Kehle	–	–	kehren Verkehr		
L	–	Lehm	Lehne	lehren Lehrer		Lee
M	Mehl	–	–	mehr		Meer
N	–	nehmen angenehm	–	–		
P	–	–	–	–		
Qu	–	–	–	–		bequem, quer
R	–	–	–	–	**Reh**	Reet

S	–	–	Sehne Sehnsucht sich sehnen	sehr		See, Seele, **!selig!**
Sch	–	–	–	–		Schere
St	stehlen	–	–	–		
Sp	–	–	–	–		Speer
T	–	–	–	–		Tee, Teer
V	–	–	–	–		
W	–	–	–	wehren das Wehr		wem, wen
Z	Zeh	–	zehn	zehren		

	ohl	**ohm**	**ohn**	**ohr**	**Ausnahmen**	
B	Bohle	–	Bohne	Bohrer bohren		
D	Dohle	–	Drohne	–		Dom
F	Fohlen	–	Föhn	Föhren	**froh,** **Floh**	fror, gefroren
G	–	–	–	–		Gnom (Zwerg)
H	hohl	–	Hohn	–		hören, Hörer
J	johlen	–	–	–		
K	Kohl Kohle	–	–	–		
L	–	–	Lohn	–		die Lore
M	–	–	Mohn	Mohr		die Mole
N	–	–	–	–		
O	–	Ohm	ohne	Ohr		
P	–	–	–	–		Pol, Pore
Qu	–	–	–	–		Quote
R	–	–	–	Rohr	**roh**	Rom
S	Sohle	–	Sohn	–		Die (Salz) Sole
Sch	–	–	–	–		schonen, schon
St	gestohlen	–	–	–	**Stroh**	Strom
Sp	–	–	–	–		Sporen
T	–	–	–	–		Ton, Tor
V	–	–	–	–		vor
W	Wohl	–	Wohnung	–		
Z	–	–	–	–		Zone

	uhl/ühl	**uhm/ühm**	**uhn/ühn**	**uhr/ühr**	**Ausnahmen**	
B	–	–	Bühne	Gebühr		
D	–	–	–	–		
F	fühlen Gefühl Fühler	–	–	führen Führer	**früh**	
G	–	–	–	–		
H	–	–	Huhn	–		
J	–	–	–	–		Juni, Jura
K	kühl kühler	–	kühn	–	**Kuh**	Kur, Kür
L	–	–	–	–		
M	Mühle	Muhme	–	–		
N	–	–	–	–		nun, nur
P	Pfühl	–	–	–		pur
Qu	–	–	–	–		
R	–	Ruhm rühmen Berühmt	–	Ruhr rühren Rührung		
S	–	–	Sühne	–		
Sch	–	–	–	–		Schule, schüren
St	Stuhl	–	–	–		stur
Sp	–	–	–	–		Spule, Spur, spülen
T	–	–	–	–		tun, Tür
U	–	–	–	Uhr		
V	–	–	–	–		
W	wühlen	–	–	–		
Z	–	–	–	–		zur

7. Sachregister